天山

一趟沒有地圖的心靈旅程

每個人的心中都有一座天山

在那裡，我們安然寧靜

思索著人生永恆的提問

我是誰？我從哪兒來？又往何處去？

趙雅麗 著

自序　在光與愛中穿越「天山」

趙雅麗

母親給我的生命禮物

二〇一〇年底，母親猝然倒下，我陷入人生從未有過的低潮，對生命、存在與生死充滿焦慮與困惑，彷彿又回到迷惘的青春期，重新開始思索：我是誰？這一世，我們為什麼而來？活著的意義是什麼？如果最終都要面對死亡，數十載的人生，我們該以什麼樣的姿態存在？又可以留下什麼活過的痕跡？

母親臨終前入住安寧病房二十一天，在意識還清晰時見到我，她總會露出一臉童真的笑容，豎起雙手的大拇指比劃著對我說：「雅麗，我這一生幸福、快樂與圓滿呦！」母親為自己頗為傳奇的一生做出了最完美的註腳。

當下，醒悟，如同一束纖細卻飽滿的陽光，穿過濃密的愁雲，直達我的內心。我自問，有一天，當我離開時，是否能和母親一樣，如此堅強若定、無怨無悔也無憾地，為自己的一生做出同樣如是的註腳，給所有親愛的人一個完美的告別？

母親臨別的身影與姿態，逼視我自己存在的所有真實與本性。這一生，我幸福、快樂與圓滿嗎？或許，我們都不必等到風中殘燭之年，便足以回應人生對你而言，究竟是一段甜美或是苦澀的旅程。

我何其幸福與幸運，得以在母親臨終前，藉由她今生最後一次慈愛與智慧的提點，找到了那把開啟生命終極意義的鑰匙，解答了「我是誰？」「我為什麼存在於世？」「我為什麼而活？」的祕密。

那是母親送給我的一份最美好的生命禮物！

向著「幸福」彼岸出發

我渴望與更多人分享這份愛的禮物、幸福的信息。這個心願，天堂的母親聽見了。我的心靈成長教學之路，如大地的自然甦醒，漸露曙光。

二〇一四年，結束公廣借調後，我獲得了從事教職以來的第一次教授年休。休假中，我在江蘇常州的一場演講，意外地牽啟了一段因緣，帶我進入了一個近乎神界的無人之境——新疆瑪那斯河流域的天山山脈，完成了一趟在荒野中自我探索的修習之路。上天山，與天相接。那是母親為我安排的一段與天使同行的天堂之旅。這個因緣與意外，即是本書的初始。

八天七夜的天山旅程，我穿梭於荒野到文明、人與自然、自己與自己的豐富對話中，發現生命意義驚人的內涵、豐美的層次，以及無處不在的感悟與驚喜。

走過天山，我終於領悟，母親的離去其實為我注入了無窮「生」的勇氣和力量。我重新找回了什麼是我們人世之旅啟程時的「初心」，也了悟了什麼又該是我們結束這趟人間行旅到達終點回家的準備。

原來，父母的光與愛，早已引領我走上自己心中的那座「天山」！

從來沒想過，三百六十五天「慢活」的假期，可以發生和完成這麼多意外與神奇的事。我發現，其實生命的每一天都可以是一個神奇的改變，讓你看見來自心靈彼岸的光，只要你願意輕輕推開那扇通往自己生命意義虛掩著的門，了解「我是誰？」便能解開自己存在於世的「祕密」。

與你分享一段沒有地圖的心靈旅程

天山歸返後，我的心中一直無法切斷對大山的繫念。放下一切，尋覓一個安靜的角落，我重新整理與觀照這一路走來，在心裡未曾間斷過的思索觀察和感受，讓這段書寫如同在微明中逐漸向著更澄明的美與光潛行的過程。書寫的初衷，除了與你分享，也為自己在初暮之年走過的一段美好的旅行，留下一個紀念。

這是我第一次嘗試學術主題之外的書寫，過程中，我的腳步常不夠穩健流暢，然而心靈總在清澄飽滿中。我很高興自己終於完成了一個與人分享非學術人生的願望。

這一生，我始終相信因緣。願這本書，讓相逢在人間的我們，結一個美好的緣。也謝謝在書寫過程中以任何方式鼓勵我、期待我、協助我，並與我心念合一同行的每個支持的情誼！

推薦文一

來自永恆所守護的變化

◎胡至宜
PPAPER 系列雜誌創辦人兼發行人

從大學時代開始與老師有緣相識，接受她的指導與教誨，很幸運地，我的內心，就像許多同學的內心一樣，有著老師無私為我們付出的愛與守護。老師，像是我的沒有血緣關係的母親，是全然的信任，倉儲著這一生所需的安全感，時不時地，當我們好久沒有見面又見到的時候，能夠倍感幸福地被安心與關懷沐浴著。

她記得每個人的名字，還有每個人的故事，隨時解決著每個人的問題，撫慰著每個人被歲月銷磨的心靈。我們的人生從青澀到成熟，在充滿希望的時候，在遍體鱗傷的時候，在因為成功自滿的時候，在面對失敗但是仍不想要倒下的時候，老師都在我們的身邊，像是天上的恆星照耀著地上的小草，陪著我們走過四季的變化，體驗花開花落的必然。

老師的追尋，是她的人生中更高一層的智慧開悟，是天與地之間的巨變重回恆常，是出發後航向千里之外到回家後的再出發。在老師旅途的行囊中，滿載著豐沛的同理心與愛，閱讀《天山》，字裡行間流轉的感動與溫暖，就像她本人在身邊娓娓道來，或是生活中的尋常點滴，或是大自然中不可思議的驚奇，都有著最不凡的珍貴意義，讓每一個人能夠透過她的經歷，看見自己的光，即使微弱，都是純淨的啟發與洗滌。

我向來相信人必須敬畏著看不見的更崇高的力量，所以才能夠更謙卑地學習著生活，了解生命的意義。而在這七八十載的人生之旅上，獨立自主走出自己的路是必需也必然的，**我們必不孤獨，因為天上總有著光引路，永恆總是會守護著變化，變化讓我們的人生完整。**如果你夠幸運，那道光還會到你的身邊來，陪你喝杯咖啡話家常，就像我最愛的老師愛著我們那樣。

推薦文二

原來，那不是我？

◎劉中薇，作家／編劇／講師

在自卑而迷惘的青春生涯裡，我沒想過，我會遇見一位老師，她有著宗教領袖的魅力，能夠極其溫柔敏銳地看透你的靈魂，每個人在她面前都是透明的，哪怕她只是初初認識你。

她就是雅麗老師。我就學的時候，她是系主任。捱於青春的彆扭，我總不敢靠老師太近，為了一份研究所甄試的自傳，我第一次硬著頭皮去找她，希望老師幫我看看。

我永遠都記得，那是天氣晴朗的傍晚，我走進辦公室，老師原本低頭辦公，抬起頭慈藹地接過我的自傳。

我自認為寫得還不錯，沒想到老師靜靜閱讀完以後，坦率地說了一句：「寫得很好，文筆很棒，但……這不是妳。」

當下我錯愕不已，明明是我一字一字親手寫的，明明主角就是我，為什麼老師誇我寫得好，又說那不是我？「是我又不是我」，這老師到底在說什麼啊？

我陷入五里霧裡。經過多日沈澱，拋開坊間教戰範本，打開空白檔案，靜下心，開始問：我是誰？或者，「誰是我」？我選擇做什麼樣的人？什麼樣的事情對我來說是有意義的？如果我是一朵花，我想要以什麼樣的姿態綻放？

多日後，我發自內心，重新寫了一份自傳，再度畢恭畢敬交給老師，這回，老師給我一個爽朗的笑聲：「對了！這就是妳。」

我想，老師一眼看出青春的我有著不安份的靈魂，對所有的世俗感到質疑，卻又沒有足夠的勇氣與能力去挑戰，只好安全地躲在「常人」中，跟大家一樣。老師早就洞悉一切，只是當時懵懂的我，並不認識自己。

大概就是從踏進老師的辦公室開始，我開始走上認識自己的道路。在無數個困惑的夜晚，老師不厭其煩與我討論各式各樣「人生提問」。每當我被世俗的期待束縛，陷入徬徨不安，老師便會跳出來告訴我，回歸「本真」才能讓我自由快樂，我就是我，我有我的光芒，我不用是「一般人」，不用是「大家」。

老師的「看見」與鼓勵，讓我大膽任性地追隨著內心的聲音奔跑，一路上做著自己感到熱情、有意義的事，不管結果如何，過程總是無比過癮！

選擇從常規的職場離開，很長一段時間，我的名片上沒有頭銜，只浪漫地寫著一句話：戀家、流浪、做夢、說故事……

後來，我的名片連那一句話都省了。

現在，我沒有名片。

沒有名片的我，竟然活得十分自由快樂。照老師的說法，我開始遊戲人間了！**「遊戲不僅是一種認真與全然執著、全心投入、參與融入過程當下的存在狀態，也是一種對自己完全負責的生命態度……『遊戲』心態曾是我們在孩童時代的存在狀態，也是我們一生最懷念的存在樣貌……」**

我可能在一路玩耍的遊戲中，漸漸找到了「我」。

那個我，不單單是世俗下生命才華的展現，那個我，還包括人生道路上幸福意義的詮釋。

多年單身女郎的生活，我曾經誤以為需要找到那個對的人，才會幸福。老師卻不斷提醒我：「沒有人能夠影響妳要的快樂。」、**「只有當我們的內心處於一個圓滿狀態，不需要依靠任何人來獲得快樂幸福時，才能成為一個『自由』的人。一個自由的人，不論處在什麼狀態，內在都是自在滿足的……」**

當我找到了「我」，當我是一個獨立圓滿的圓，當我自己就能夠幸福，當我的意義不需要別人來註解，很奇妙地，我遇到了另一個獨立的圓，從此我們相伴而行。（咳咳……寫這篇推薦文的時候，正值我結婚三週年慶呢！）

閱讀《天山：一趟沒有地圖的心靈旅程》，好似老師就站在我面前與我說話，裡面的思考，是老師這十多年來時不時給我的提醒，每字每句，都格外親切溫暖。

每個人心中都有一座天山，那是我們心靈至高的神性，也是恬然自安的家。

找到它，就找到了回家的路。

打開書，歡迎回家。

推薦文三

越過天山，是那既寬且廣的心之境界

◎趙心屏，Tutor ABC 品牌暨公關副理

趙雅麗老師和她大多數的學生關係都非比尋常，遠遠超出一般師生情誼。從大學課堂、到日後人生的漫漫道路，我們喜歡讓趙老師參與，並留下軌跡。不論喜怒哀樂，老師總是傾聽、關切、分享、指引，任我們這群似乎永遠也長不大的孩子無度地需索。

與她相識數十載，直到閱讀「天山」一書才發現，原來老師的心靈深處也在探索許多不解的情結和思緒。然而，這趟旅程的飽滿與富足，讓老師又滿有能量，可以繼續餵養她身邊的我們和每一個，這些都是她關心的人。

一趟天山之旅，趙老師毫不保留地敞開自己尋索的心路，讓我們也可以看見越過天山之後，那既寬且廣的心之境界。

目錄

第二篇
上行之歌——更高處的人生體悟

第三篇
下山——穿越與改變

第一篇

起點——探索意義

一、前奏

幸福是回歸心靈原鄉之路

下次相遇，
請以「你，幸福嗎？」
問候我……

你幸福嗎？

「雅麗，妳幸福嗎？」

一年前，我和一位久違的第二代企業家朋友見面。餐敘間，她忽然這樣問我。

有多久，不曾聽過這樣的問話了啊！當下，眼眶不由得溼潤了起來，接著，我毫不猶豫地回答她：「是啊，我很幸福！」

那一刻，她低下頭去，眼神閃現一絲落寞，整個人黯淡了下來，幽幽地回應：「那很好啊！」

當下我忽然明白，我戳破了她認為「幸福是人間一樁神話」的想法！天底下哪可能有人真正幸福，尤其當你看起來還是個有點成就的人。成功與幸福，在許多人眼中似乎是兩種無法並存的生命狀態。

「你幸福嗎？」那是人類通過心靈母語的彼此問候，只是久未返回心靈故鄉的我們，早已忘記心靈原鄉的語言。因此，在我們的人生旅程中，每一次的「到達」其實只是外在的、身體形式上的，而沒有心靈的介入，沒有感情的參與。那所謂的「到達」只虛有其表而沒有實質。問題在於，那個實質是什麼？

生命一切的不安，其實都源於對自我存在與生命意義的疑惑，意義是靈魂的家鄉。人生對意義的探索從生存、生活到生命層面，從未止歇：活著為了什麼？我是誰？我從哪裡來，為什麼在這裡？我想成為什麼樣的人？或我想怎麼過日子？過什麼樣的一生？我如何找到自己的幸福、喜悅和滿足？我要到哪裡去？我的方向在哪裡？我「到達」了嗎？

思索與解答這種種的意義，便是在尋找回歸心靈原鄉的活路，也是在找尋開啟「我是誰？」那把鑰匙的過程。

我是誰？

「我是誰？」這個問題，大家常認為是一個十分簡單、不需要思考，也不該是一個問題的提問。

但這個問題，卻令許多人感到困惑。

你是誰？你真的認識自己嗎？這一生，你始終埋頭忙碌，努力追求成功……獲得越多，幸福卻越來越少；渴望愛，彼此卻愈來愈疏離。你感覺不快樂，也不自由……活著，為了什麼？存在，有什麼意義？午夜夢迴，你不時這樣問自己，感到無比困惑。

你是幾歲時開始自問「我是誰？」你在人生的什麼時候特別疑惑，想問這個問題？多久會問一次？或其實，你一直想問卻不敢問？還是，覺得問了也不會有結果，所以乾脆不要問，甚至，這一生，你從來沒問過？

瞭解生命本身，比其他任何事情都重要。你不是不明白這個道理，但是，你的腳步總是太倉促，從來沒有停歇過，來不及發現，也來不及向內觀照與回應「我是誰？」這個問題，更來不及思索自己存在的意義。

你知道，在你身上、每個人身上都擁有著代表人類精神的偉大基因嗎？這話聽起來很像一句可笑的大話、空話。但只要靜下心來認真思考一下自我意識覺醒的過程，就知道這句話的實在與份量。

不過，對許多人來說，「找自己」與回應「我是誰」這件事，就像打開潘朵拉的盒子一樣，是一個禁忌，讓人感到不安與恐懼，且充滿威脅感。了解生命本身、回應「我是誰？」是你不得不經歷的思索。

停下匆忙的腳步，聽聽自己內心的聲音和渴望。我們如何打開自己、向內尋求所有「生」之意義的解答、找到自己生命的獨特性與能量、了解「我是誰？」並活出精彩的一生，是一個需要學習與不斷突破自我障礙和練習的課題。

這些年，在我演講和教授各種成長課程中，大家最關心與經常提問的是：什麼是找自己？我怎樣才能了解「我是誰」？什麼是愛自己？我怎麼知道我有沒有真正地愛自己？愛自己能改變什麼？

你還能如何多愛自己一點？

這些提問，都是關乎自己，聽起來像是一個人本能可以、也必須由自己來回應的。因此，聽在我耳裡，感覺格外心疼與辛酸。

因為，探尋「我是誰？」、「什麼是愛自己？」竟然成為需要向外索求答案的問題。面對「我是誰？」的提問，大家往往會反射性地說：「我就是我啊！」來逃避正面回應，而且認為「愛自己」就是吃吃美食、做個身體按摩犒賞自己、買些渴望已久的東西讓自己開心，出國度假釋放一下壓力，不開心就大哭一場或睡個三天三夜。

除了這些物質感官的滿足紓解之外，你還能如何多愛自己一些呢？

「我是誰」或者「誰是我」的那個「我」，可以是一個名字、一張名片、一份履歷、一本存摺、一身名牌，就交代了。

「我」，也可以是你的職位頭銜、你的身分地位、權力財富。或者，你，做過什麼？一生有過什麼豐功偉業？

反過來想，被誕生到世上的那天，我們其實誰也不是，只是我們自己。父母給了我們一個名字，在那個符號下，我們的「存在」成為一個事實。

我們自由地「選擇」成為那個想要成為的自己。**所以，無論別人怎麼衡量你，認識你是誰，往往都是來自「你的選擇」：**你選擇做了什麼、不做什

麼；你選擇成為或拒絕成為什麼樣的人；你製造了怎樣的問題帶給別人困擾、你選擇創造了怎樣的價值改善別人的生活。

對別人來說，「我是誰」在於我所創造的價值。對自己來說，則是我選擇了什麼。從此，我就成為我選擇成為的那個「自己」了！

而這些，絕對不是一張身分證，一本護照、一紙成績單，或一張信用卡，所能道盡的。

我是誰？這是一個簡單的問題，卻是一個重要的問題。只有勇敢面對「我是誰」的提問，思考我能做什麼，我該做什麼，我要做什麼，並篤定地做出自己的選擇，「我是誰」的答案，就會自然浮現！

天山「意義之旅」
荒野探索
我的天山意義之旅
2014.08.09 ~ 2014.08.17

二、自我追尋的起點

意義是
一切探索的開始

「每個人都可以是一道光，
把周遭的人點亮！」
如果人生是一場旅行，
我希望每個同行者
都可以照亮彼此，
走過歡喜的一程。

從「自我溝通」到「我是誰？」

二〇一一年，我從學校被借調至公共廣播電視集團服務，由於一個特殊機緣，我有幸受邀開設講堂，和一些朋友們分享心靈成長的課題。

這個時間點如今想來並非偶然。當時的我，因為母親過世，正處於一段從未經歷過的低潮，對生命、存在與生死的議題感到極度迷惘，同時又進入公廣服務，諸事波折煩擾。在此刻我能夠開設講堂，走上這條生命意義探索的教學之路，重新回到青春年少時自己選擇與希望有所作為的「溝通」領域，如今想來反而像是一種必然，一種延遲多年的、繞了許多迂迴而波折與等待之後，終於接續上的奇妙而欣喜的路途。

其實，展開心靈成長的教學工作，是我心裡一直惦念的事。這不但是一個願望，也是一個夢想。從此，我好像為自己找到了一個全新出發的起點，同時也填入了生命故事裡一段擱置已久的情節。

這段課程持續了將近一年八個月，成員之間不僅建立了信任，也有深刻的分享。期間，我們更一路陪伴成員之中一位罹癌的摯友度過她生命最後的歲月，分享了她「本來決定都帶進墳墓的一切迷惘與困惑」的生命故事，見證她所謂在「邁向幸福深度自殘」的自我揭露與探索之後，勇敢、堅強與平靜地向生命告別，最終尊嚴地走向死亡的過程。

這個成長課程從「自我溝通」展開。探索「我是誰」，則是我們的第一課。

我們為意義而生，也甘心為意義而終！

我在大眾傳播學系任教近三十年，一般人對傳播 Communication 的認識，往往侷限於廣播電視、廣告公關或報紙雜誌等媒體專業，但在英文中，溝通與傳播其實是同一字 Communication。

我的碩士訓練就是始於溝通，其中「自我溝通」是溝通學中的第一課，它探討的主題即「我是誰？」

取得博士學位回國後轉至大眾傳播領域任教。但是，對於溝通和傳播的專業究竟是什麼？學習傳播有什麼意義？甚至意義是什麼？我始終感到困惑。

對「學習傳播有什麼意義？」一直未解的困惑與思索，因緣際會地引領我一路走向「意義」的學術探索，且連續二十年獲得國科會（現今科技部）的專題研究獎助。我的研究主題和歷程其實都在關心一件事——什麼是「意義」？

很多人問我：「意義就是意義，有什麼好研究的？」起初，我困惑於「傳播的專業究竟是什麼？」於是開始追問「學傳播有什麼意義？」以及「意義是什麼？如何被研究？」越走越裡面，我內心深處的疑問和困惑也越來越深，後來才發現，**對意義的關切，其實是每個人對生命核心本質的追問，**而不只是傳播學術研究的主要思考。

的確，我們為意義而生，也甘心為意義而死！

尼采說：「懂得『為何』而活的人，差不多『任何』痛苦都忍受得住。但環顧周遭，太多人忍受痛苦的同時，卻不明白為何而活！」

追尋意義，是為了歸返心靈的家鄉

的確，意義既抽象虛無，卻又實用與實際，往往讓我們窮盡一生心思，而不得其解。德國哲學家諾瓦里曾說：「思索哲學，其實是為了還鄉。」

對我，專研意義，則是為歸返心靈的家鄉。

二十年來對意義研究的堅持，讓我尋回對「溝通」的熱情與初衷，也讓我從自我和人生意義探索的對話與實踐中，逐漸獲得了對溝通專業知識的完形與解答。

在我的信念裡，知識，當是為解決一切有關人的問題而得到生命。我也深信，一個真正的教育者是無法只傳授就業技能，卻任由世界在其四周崩潰。

我盼望走入人群，鼓勵與陪伴更多人探索生命意義。三年前，開設心靈成長教學的願望實現後，從實踐中，我體驗了系統性知識如何引領心靈開啟的過程，也清晰地見證了靈性成長的力量。

與有緣人共同經歷一個或長或短的心靈解放與療癒的過程，對我猶如在各種關係中一次次的「修行」。

我接受西方社會科學邏輯思考的訓練與影響，但對於溝通／傳播「智性」

知識的輪廓與樣貌，卻是在東方「覺性」體證的修行中，才終於得到了開悟與理解！

醒來

我相信，每個生命都是個驚人的「謎」，只有你擁有解開它的密碼！

我也深信，每個人的心中都有一顆覺醒的種子，選擇發芽、成長、綻放或者讓它永遠塵封在泥土下安全與虛幻的美麗世界裡，即使從未觸碰過什麼是真實，都是你生命自主的選擇。

人生有如春花朝露，我們都是過境之民，暫時棲居這裡那裡，來去有期、生死有時，無從決定自身存在於世的長短。但無論輝煌顯赫或窮困潦倒，有一天，終究要化歸塵土。我們不是沒有這樣的認知，只是大多數人都不認為自己會面對隨時死亡的可能，而寧可相信自己還有無盡的未來可以消耗與等待。這樣的意念使我們寧可追求「常人」而非「自己」的獨特價值，成為本真的自我。

豔陽下，於是不見向日葵花海般舞動的靈魂，反而人人都像蒲公英花絮般，在空間漂浮，渴望成為真正的自己，渴望到達幸福的彼岸，結果，只是一再錯過。

生活中，我遇見過無數憂傷與失落的靈魂，也見到周遭有些人的一世有多苦，聽人分享了太多讓人心碎的生命故事。許多人在陷入無解的生命課題與難題時，總是向外索求心靈安定的力量，他們會去算命、通靈，或者藉助催眠，探求自己前世今生因果連結的解脫。**然而不論你的前世今生如何，你需要面對的都是今生今世的自己，你需要超脫的也是此生此世，眼前當下的桎梏與愁苦。**

當生命如此困頓，已然陷落於世時，你可以向內尋求力量，一次次喚起內心清明澄淨的力量：面對與選擇成為自己！你也可以封閉真正的自己，將自己禁錮糾結於浮面無根起伏的生活波瀾中，迷失纏捲於生活場域的漩渦，繼續以一個渙散從眾失根的自己為自己，並在這樣的生活中，仰賴那卑微與常人共在的安全存活下去。

醒覺的力量，來自於心靈的召喚，也來自於我們了然生命最終必將通往死亡此一有限性的事實。這個事實使人看清，死亡是不可改變的生命之旅的終點，這樣一個確知而不確定的可能性，讓我們明白，自己終究是孤獨無二的存在者，無論此生與他人有多深的連結共在，我們終究只能對自己的生命負責，如何生活、如何死、如何選擇自己是誰？活出屬於自己無可替代的存在樣態。只有當我們能喚醒自己生存之自我抉擇的自由，這樣的翻轉醒覺，才是回歸本真之路，也是通往幸福之道！

向內探索「我是誰？」是一段喚起心靈覺察，讓靈魂「醒來」的過程！

人生確實是一次次無常的醒來，同時也面對著一次次醒來後的無常。但是醒來，並非理所當然的「平常」。

在自我探索的路途中，我們的周遭，有多少人在療傷？有多少人在醒來？長夜漫漫，醒來很冷，但是，你真的願意在還沒有見到春天絢爛的花朵前，就此沈睡下去嗎？

無論你去過多少地方、有過多少體驗。探索「我是誰？」的意義之旅，是你不得不面對的經歷……。

三、意外的旅程

荒野中的自我探索

這一生，
我始終相信因緣，
每個相聚相知，
都是你我辛苦修來的成果！

來自遠方的邀請

二〇一四年三月底，一個意外，讓我獲得了一個深入自我探索的殊勝機緣。

那時，在常州的一場演講中，我認識了張新，一個來自新疆的三十一歲大男孩。那天演講的主題是：自我探索的意義之旅——「我是誰？」這個題目吸引張新遠從武漢專程坐車來聽講。

意外的是，那場演講後，張新邀請我暑期赴天山一遊，也嘗試評估在那講課的可能性。當時我並不清楚赴天山講課的特殊意義，但顯然，這座山吸引了我，我感覺冥冥中有股奇妙牽引的力量，讓我毫無猶豫地接受了這個邀請，牽啟了一段天山行的因緣。

天山行的聯繫過程中稍有間斷與波折，那段日子我專注於書寫父母的生命故事，以為與天山的約定已經過去。但天山，似乎從沒忘記對我的召喚。

二〇一四年六月底，沈寂一陣後，我忽然再度收到張新的一個簡訊，探詢天山之約是否仍然可行，接著，他傳來一封懇切的信。信中寫道：

雅麗老師：我在常州第一次聽到您的演講，每一句都有似曾相識的映景進入我的心底，當時我的想像力已經開始描繪老師在天山巨大的雪峰和壯闊的星空下，鏗鏘有力的感染著在場的人去思考『我是誰？』，去思考人生意義。這是我希望人們來天山的收穫……通過擴大心智的視野，重新認識自己和世界，將人生的意義與社會和未來連結。我相信，也許今日，也許明年，我心中那一副感動的場景，一定會在天山上演繹……

張新的信裡展現了這位天山之子，對於帶領我進入荒野探索，走一趟「意義之旅」的一股堅定。

兩代人的荒野探索

七月中，張新給我發送了另一封長信，標題是：兩代人的荒野探索。

信中，我瞭解張新的父親是潛居天山四十年的老獵人，他倆分離與隔閡了一生。但是幾乎一生駐留在荒野中的老獵人，卻又深深影響了張新的生命。老獵人與兒子，兩代間既隔閡又親密，既相斥又相愛的親情，是此行天山召喚與託付我的另一件事。我希望，自己可以成為一道橋樑，讓老獵人父子跨越障礙，修補兩代親情的斷裂，走向彼此，重新相遇與相知。

我也期待，有一天，我能在天山，看到他們父子倆說著笑並肩走過來的身影！

張新的父親——張相臣，是天山最出色的老獵人，出生於一九四九年，被山中哈薩客族人封為「天山之王」，他則自稱「天山老妖」。時代際遇，讓他在天山的荒野中度過人生大半歲月。他生長在饑荒的年代，一個典型的中國農村大家庭裡，做為家中的老大，在還來不及體會什麼是責任的年

齡，便已肩負起照顧家人的責任。張相臣十九歲那年離開故土，跟隨繼養父踏上一片陌生的土地發展。他一到新疆，上山打獵這項少有人選擇的危險工作，就成為他的選擇，並做到最好，短短十年成為這片領域最出色的獵人。老獵人解決一切實際問題的生存智慧，是建立在大量的野外生活實踐經歷中。

環境塑造人，同時也考驗人。在老獵人眼裏，山，就是他衡量一個人的尺子！

老獵人的兒子張新，出生於一九八三年，窮困悲苦的年代。張新的出世，為父母帶來新的活力與希望，取名張新，正代表了父母對這個男孩的未來有著不一樣的全新期盼。然而父親在他兩歲時，為了家庭，又開始一次人生冒險，在廣州開創經營藥材生意，自此每年只能回家一兩個月，天山成為聯結他們父子感情的重要臍帶。張新五歲第一次被父親帶入天山深處，從此，跟隨父親深入天山成為他的探索樂趣。

天山，遠不只是一座山，也潛移默化地培育了張新深刻的家園意識，更是他純粹與美好的心靈故鄉。

長大後的張新，沒有愧對自己的名字，果然是一個不一樣的孩子，大學畢業後工作的兩年中，他感到離真實的自己越來越遠：為什麼不能以自我認可的快樂、幸福、價值、意義的標準去描繪人生？帶著這些思考，他再次走進荒野，這個獨立的精神空間讓他思索生命的本質和意義，傾聽內心的聲音，在自然的療癒中，他選擇了堅持自我。選擇有所追求之路，必從拒絕所不想的路開始。

這些年他目睹了天山山脈這片原始野性的、極少有人涉足的「荒野」，僅有的少數未被開發的自然區域之一，也已遭人類的欲望瞄準，進行了文明的侵襲破壞。他對荒野與文明關係的思考與體會更加深刻，開始不斷思索：怎樣的人與社會的關係，怎樣的人與自我意識的關係，才能帶來真正和諧的人與自然的關係？

張新這種對自然的大愛、追求理想、承當使命的願望，在我內心產生強烈的共鳴，我也同時看見了每個人生命意義之旅的原鄉情結。但願我的出現，讓他的追夢之路不再孤單！

群山仍然永遠不語，但張新心中已有了答案。對天山，他不是過客，而視她為哺育精神成長的永恆母親。對中國，他不是觀者，而視她為耕作培育幸福生活的家園土壤。對生命，他不是食客，而視她為勇敢選擇用自己的方式，來追求理想的一份禮物！

張新的來信深深感動了我。這個所謂「天山意義之旅」的邀請，對張新而言，是一個三十一歲年輕人對自己成長的那片土地和家園的愛，其中還有他堅持做自己的勇氣、追求夢想的熱情、實踐自我生命意義的決心。

這也觸動了我對自己青春的回憶。在張新的那個年紀，我執意於新婚後即隻身赴美繼續進修博士，生命充滿無所不能的想像與力量，追求自己的夢想，讓我感覺無比強大。如今，即使形體不再年輕，卻從來沒有一日遠離夢想，我的心告訴自己：我可以拒絕天山，但我如何能拒絕和一個不放棄夢想的人同行！

張新帶著一座天山的能量而來，不需要任何通關密語，直接打動了我的心。所有美好的關係，不過都源於一個真誠的「邀請」。

展開一段心靈的豐富之旅

接受天山之約的過程，非常詩意，幾乎可說是全憑直覺，決定後兩週內便提起行李，說走就走。那是一段沒有地圖，沒有不可變的路線規劃，也沒有一定要完成什麼的一次旅行。

帶著全心的期待和所有祝福，我向天山出發，決心跋涉大山峻嶺，去看大自然中的美與奧秘，靜靜領會，面對自己，心中有滿滿的熱情與期待，還有一顆純真的「童心」！

然而啟程之前，我其實一點也不清楚這段荒野探索之旅的風險、挑戰與考驗，決定前往時，既未考慮到安全和體能問題，也沒擔心過無人親近陪伴，或者生活上的各種不便。心底只是有種直覺：這將會是一趟心靈的豐富之旅！

我欣然接受了張新的邀請，對這個靈魂的邀請，我似乎等待已久。此刻，無論你是誰，無論你來自哪兒，無論你將去往何方，只要你心中還有富有創意的不滿之情，還有對這片熱土深切的愛，就請與我們一起探索荒野到文明的距離。

四、乘著喜悅的翅膀而去

向未知啟程

懷著童年
第一次遠足的心情，
走上陌生與未知的旅程。
沒有恐懼，只有好奇！

遠足的驚喜

從接受天山之約的那一刻起，我的心情就開始圍繞著這個出遊日一路激盪，按捺不住興奮的心，隨著遠足的日子越來越近而益加高昂，心也跟著閃亮飛揚起來！

生活完全被這種無敵的愉悅氣息所圍繞，童年第一次遠足的記憶忽然鮮活地躍出。跟著感覺走，天山的邀約，讓我重溫了童年第一次遠足的記憶，我開始編寫著半個世紀後另一次遠足的心情故事。

出發的前晚，我把登山背包裝好背上，蹬起新購的登山鞋，興奮地在家裡來回走了好幾趟，那是小時候，第一次遠足出發前夕的畫面。

記憶中的童年，最期待的就是一年一度的學校春季遠足。在那個物資並不豐富的年代，遠足，是一種恩寵，只有遠足的小孩才有特權，可以吃到平常難得一見的蘋果外加一塊巧克力，對小小年紀的我，那是何等虛榮與美味的誘惑，其中還有母親那份細緻貼心的寵愛。

經過數十年，許多童年的記憶早已模糊，然而童年第一次遠足時小小背包中那只蘋果的香氣，至今，仍瀰漫在記憶中！

遠足真好，幸福的感覺滿溢心中！天山行，還未上路，有蘋果和巧克力回憶的加持，無比歡愉的出遊畫面，開始反覆地在我的心中預演著。

倒數計時，心，漸漸歸零，我再度感受童年遠足的清晨，初見那微光乍現時的驚喜與幸福！

尋找更美好的畫面

二〇一四年八月八日，我們一行四人乘坐南方航空桃園直飛烏魯木齊的午夜航班，經歷六小時的空中旅程，不知不覺中完成了一次跨過晝夜、兩岸，從炎夏到秋涼的幾重穿越。最後，在清晨抵達烏魯木齊地窩堡國際機場。

進入機場大廳，人聲鼎沸，形形色色的人種、面貌、語言，讓我意識到自己來到了另一個世界。通關，是一件超級工程，讓我頃刻間覺察了文化差異，不只在樣貌、穿著。等待驗關的隊形在當地似乎是個彈性協商與見縫插針的競爭遊戲，一個小時近乎無政府，卻又似存在著潛規則的狀態下，完成通關手續，我從中體認文明社會其實也存在著人性的荒蠻。

T恤外罩了件輕薄的防風外套，走出機場，清晨舒爽的涼風、清新的空氣，清朗透澈的天空，嬌而不炙的陽光間，幾縷雲絮在天空中自在悠然地漂浮，讓人的精神為之一振，在亞熱帶炎夏中積攢的焦躁以及長途飛行難免的疲憊彷彿被洗滌一空，這也讓我對接下來的天山之旅充滿了期待。

前來接機的是邀請我到天山作客的年輕朋友——張新。這位出生與成長在新疆的男孩，帶著陽光般的微笑，上前給了我們每個人一個見面的擁抱。較常州初識時，他明顯的消瘦了一些，一臉絡腮鬍的造型，讓他原本充滿個性的臉更增了幾分新疆之子的粗獷。接待我們這組「天團」的準備工作顯然費心，但見到我們，他看來真心歡喜。

離開機場南行約一百四十五公里，小巴疾馳載我們穿過正清醒中的異國市街，窗外幢幢的樹影和各式的建築快速閃現和消失，沿途各種語文並列的招牌和街名，讓我感覺來到了一個生機蓬勃的世界，各色人種生活在其中，與天山的生靈並肩成長，我忽然有股莫名高漲的興奮，約一個半小時暢行無阻的車程，我們抵達石河子市區的天富飯店，正在整修中的建築，塵土飛揚，門口的警衛堅持安檢後放行。靜謐的天山腳下，原來也住著一顆顆不平靜的心。

打開一絲細縫，讓光透進來

進了房間推開窗戶，依稀中，我想到很多朋友，總在動態多變的人生中，尋找並努力維持一種靜態不變的存在狀態，寄望擁有一個安定的過程，朝一個確定與固定不變的目標出發。安定，似乎是許多人對生命的所有想像與追求，但這樣的存在狀態是不切實際的。

「確定安全和不變」如果是我們對生命所有的期待與想像，那麼，人的未來事實上只有一件事是確定的，那就是「死亡」。

生命的旅程是動態的。若缺了一種遊戲的心情，少了一份對陌生未知世界的好奇與動機，不懂得掌握過程中的變化與樂趣，而只是執著於一定要怎麼樣，或者執意於一定要到達哪裡，則我們將漸漸失去對生命敏感的洞察力，對自己的直覺也不再信任。

多少年來不計其數的旅行教會我一件事——如果我們只執著於眼前的事物，只追求一種不變的安定與安全，便永遠看不見進一步的不同視野、變化萬千的人世風景，以及更大的美好畫面！

畢竟，我們渴望旅行，本來就是在追尋那所有「未知」與「變化」的豐富和驚奇，不是嗎？

旅行，包括了許多美好的內涵，但它讓我們不只看見美好，也讓我們學習、反思與尊重。

長大後，我漸漸明白：旅行，其實並非獵奇尋新，科技早已將世界虛擬地連結一體，沒有什麼事值得大驚小怪。有的，只是一次次行旅後，更深的人文關懷和人類共生的祝願，以及對我們所身處世界的深刻反思。世界給了我們無限養分，但我們可以回饋世界什麼？

我們可以自許是一道光，把周遭點亮，讓那些期待走出黯淡的人，也能找到自己的生命之光嗎？

為生活保留一點空白與縫隙，讓光透進來，走向未知與陌生的行旅便無所恐懼。而只要對人熱情、對生命熱愛，對世界好奇，你自會發現人生的每段旅程都會是處處驚喜！

每一段旅行，都是生命的一個禮物，讓你的心在疲憊困頓中獲得休息。把心鬆開，讓光從鬆動的縫隙中透進去，看到一線陽光。從此，你便會對陽光懷抱嚮往！

五、朝天山出發

與天相接

天山，
不只是一座山，
而是一個傳奇和意象！

上天山，與天相接

八月九日上午十一點左右，我們一行四人共乘一輛嶄新的豐田四驅越野車，和張新押運的另一部補給車同步，朝瑪納斯河流域的天山登山口出發。

山路迢遙，路況險惡，大部份路段皆彎曲狹窄，其中還行經幾處已然崩塌的土石質斷崖。車子沿著石壁，在黃土路上迂迴爬升，碎石路面凹凸坎坷，車到之處捲起滾滾黃沙，彷彿在沙漠中潛行。雨刷一路擺動著，不停地拂去車窗上隨時掩蓋視線的厚厚沙塵。

車身隨路面的彎曲升降不停地搖晃起伏，彷彿坐在一艘小船上，放眼窗外，沿途山景迅速變化，讓人屏氣凝神的美景印入眼簾，兩側綿延著凸起橫立的山巒，沈靜堅挺地層層夾疊錯落有致，色澤由近處的淺綠逐漸加深化為極遠處的墨藍，如夢似幻，遠看形似一幅幅蒼勁有力的山景油畫，美到有些不真實，嚴峻和蒼老的岩層脊稜，彷彿遠古以來就那樣不動聲色地挺立

著，俯視所有山腳下的土地和它的子民。

遠處的山壁和峽谷中，依稀見到幾部大吊車，不斷將一支支吊桿伸向空中，吊鈎高高懸起，又落向谷底，好像在和大地爭奪什麼。推土機發出隆隆的聲音，在空寂的山腰中高調地迴響著，顯得極為刺耳。

大山不會消失，但它的血脈、皮膚和骨肉，受傷了！我聽見一片片被剷平受傷的山壁，靜靜無言地流淌著它的哀傷。

這些年，這片被聯合國納入世界自然遺產名錄的美麗大自然，這片原始野性的、極少有人涉足的「荒野」，也被人類的欲望瞄準了。文明技術大肆侵入山林，興建電廠、修築水壩、開闢公路、挖採礦石，這些建設可能短暫地滿足山中居住者的生活便利與舒適，但也一點點地剝奪了他們在地平線上放眼極目的視野，以及自然天地裡其他生物的生存空間。

旅途中，隨隊服務的哈薩克大男孩也一臉無奈地說：「小時候，放眼望去，山林無盡綿延看不見邊際與盡頭。如今看去，一座座山平了，好像連天際線也改變了！」然而，悲哀的是，這群孩子們並沒有意識到，這樣的危機其實也正向他們步步逼近，當推土機一點一滴向前推進的時候，他們的家園有一天也將在無知和貪婪之心無限伸張下，一寸寸地成為採金人獵取的目標。

來到世界另一個僻靜的角落

山景如詩如畫，山，像是無盡的向前延伸。一路上見識世界其實還有太多讓人心動的美好，不知迂迴地穿過了幾重彎路，幾座山頭，只見遠方浮雲處的山窩裡，一幢遺世獨立的小屋點綴其中，在天地之間，那些高大山巒的屏衛之下，自成一個有趣的景緻，看似孤單寂寞，實則寧靜祥和。那是我們當晚的歇腳之處——哈熊溝口，也是進入天山的登山口。

來到天山腳下，才發現繁華的城市之外，還有另一個世界，靜靜地存在地球這樣僻靜的角落裡。各種不同的生命情態與風景也都各自怡然地上演著。

原來，過著不聞世事，不打擾別人，也不被別人打擾的生活，也是可以的，整日與雲霧和山林、星光為伍，不需要都市繁華的一切，只做大地的兒女，也是可以的，不汲汲營營功名利祿，謹守著一方天地，看著日出日落，過著平和恬靜的生活也是可以的。剎那間，我忽然有動心的感覺，這樣的日子可以是我的一生一世，這樣的歲月也可以是我完滿的一生！

我們來到這戶遺世獨居的哈薩克族人家中作客，他們過的是另一種生活，無自來水也無電，一家四口加上一條老狗，靠著放牧和採集玉石維生。他們少有表情，但安靜友善，年輕的臉孔卻已佈滿歲月的風霜，他們真誠與熱情地接待著我們，也與我們分享了他們特有的食物「囊」和「酥油茶」。

這些山居的哈薩克人世代居住此地，彷彿是被留下來看守土地家業的人。他們的一生有如隨風飄落的種子，落在哪，就在哪生根，固守在那個偶然而命定的所在，在簡單的歡愉中走過一生，與大地天長地久，是這樣嗎？

借他們房舍外的羊圈，在一片平坦的草原上，我們紮了營。向晚的陽光照耀著露出雲外的前後與兩側的山頭，拉開戶外活動桌椅，我靜靜坐著，凝望那遙遠渺漠的遠山，壯闊無邊卻如此接近可親，周遭的美讓人無法抗拒不去專注地把握，我感覺天地包容著我，又像此刻這個世界是只屬於自己的，當下心中湧現一種歲月靜美、好似無比綿延的喜悅，也忽然體會人對土地那份地老天荒永恆的愛戀，以及與萬物共存的和諧與感動。

那夜，大地如此安靜，世界好像只屬於山中居住的人們，四面八方的群山圍繞著我們，傾聽著我們出發前高昂的情緒，也為我們即將啟程的天山之旅留下見證。

晚飯後，忽然下起一場雨，躺在帳棚裡，聽著雨滴隨著風勢起舞，雨水急緩有緻地在帳棚頂上敲打，和著落在空曠山中的迴響，層次起伏，帶著幾分空靈飄逸。陣陣驟雨中，我卻深深感受四周無邊、極其深邃的沈靜和寧謐。從來沒體會過，山中的雨夜竟是如此幽深浪漫引人遐思！

驟雨過後，隔早卻是一個大好天，清晨在登山口準備出發時，太陽已高高升起，天山之神，已經為我們的出發做好了安排。

這一趟啟程，我其實並不知道自己是不是有什麼追尋，只是滿心歡喜與期待，就這樣，回到小時候，第一次遠足出發時的心情。

天山，不只是一座山

偉大與神聖莊嚴的「天山」，是新疆的地理標誌和脊樑，也是中亞之光，自古以來就被在它周圍生息繁衍的各族人民認定是自己的守護神。

對我，它也遠不只是一座山脈，而是一個傳遞愛與能量祝福的靈境和意象，更是一個人人都可以見證的傳奇。

新疆的朋友說，那兒是最接近上帝的地方。我想，它也是最接近自己的地方。

天山外觀呈現出一種非凡的莊嚴與神聖，雄偉挺拔、執著堅韌，象徵新疆包容通達的典型氣質。有人描述，天山的形貌和精神像是一群類似傳說中古代草原中矗立著的帝國武士，表情裡含有無盡的冷穆與寬容，正是在這些古代武士的深情注視與護佑之中，凡親近的人皆能獲得踏實和寧靜的祝福，感受靈魂的飽滿，胸中彷彿也升起一座靜默的山。

兩三百萬年來，不斷上升的天山，隆高了人類的視野，站上高峰，它讓我們在新的起點與高度上重新審視自我和極目茫茫宇宙，領悟一種厚德載物的關懷與承當。

天山，以其潔淨而神祕的面容，贏得了每個朝聖者的敬仰和喜愛。人們窮盡心中的情感與想像，竭力通過不同的表述來傳達自己對於這個靈山的熱愛與讚頌，說白了，它就是我們對神話中所謂「神的自留地」的想像。

很多人來天山不光是為一親神山聖水，還想近距離端詳、觸摸和感受它的靈性，想一睹天顏，領受一下天神的祝福，並在天山之巔聆聽自己站在神仙身旁的心跳，感受祂無所不在的撫慰。

我們進入的是天山中部瑪納斯河流域的山脈，那是一處人跡罕至的荒野，百度網站是這樣形容的：「那些氤氳在雲朵和湛藍天空裏的冰川，是瑪納斯河的源頭，一條河流的生命由此開始。瑪納斯河逶迤在群山之間，由東南轉向西北，繼而拐向北方，柔腸婉轉地進了沙漠。她走到哪裡，哪裡就綠了，有獸有鳥還有無鱗的高山魚。」

沿路上我們見識了：幾乎垂直階梯層次的陡峭山壁，蔥綠的森林和平坦的草原，還有遠處面向天山山脈的雪山，也見到了令人目瞪口呆的日照金山絕美景致。遠遠遙望山谷中的盤羊順著山壁蜿蜒而上、又見群獸奔馳而過、成群牛羊漫步的懾人景觀。

在高山的夜晚，舉目是漫天璀璨、極其明亮的星空，那種震撼和感動是超越言語所能形容的，它豐富了我們對高山有限的感官印象和體驗，使我們置身在完全忘我狀態，感受到自己的渺小和自然生命的偉大。

無論是朝上或向下，看不盡的風景，永遠在路上。

第二篇

上行之歌——更高處的人生體悟

六、專注

看見
與同理萬物的存在

專注，
讓我體悟與萬物共存的
連結與同理，
也心生慈悲。

解除俗世的一切標籤

離開山腳口向天山出發的那一刻起，手機便無法再接收訊號，我們從此斷了與外界的聯繫。帶著被解脫與乾脆遠離塵世的心情，把自己歸零，擺脫角色身分、摘下面具、遠離名利憂患、煩擾記掛，讓心思休息，純粹放鬆。世界很遠。我們開始過著一種離群索居的生活，進入彷若行禪的心境，心裡的節奏很輕很慢、生活的情懷單純而悠遠。

我們依著身體的能量行走，聆聽自己內心的聲音前行，透過大地的毛孔呼吸、隨著自然的節奏作息。那也是我們可以專注端詳自己與自己面對面獨處的時光。

解除俗世的一切標籤，我們只是個旅人，也是行者。給自己一段心靈的假期，一份身心的寧靜，一種徹底的自我覺察與放下，在安靜與修習中得到

最好的養分，從受傷的記憶與負面的經驗中解脫，去細緻地感受與觀看你心中那幅變化無窮的巨大風景。讓自然大愛的能量，為我們療癒匱乏困倦的身心，並再度點燃我們心中改變的火種！

旅途中，排除所有外界干擾的訊息，張開耳朵靜靜聆聽，感受如何走不一樣的路，看不一樣的風景，體會大地變化萬千的旋律。那鳥叫蟲鳴、那清風拂面，那杉林松濤，專注傾聽荒野的呼喚與自我的聲音，我們開啟了心靈那一扇扇通往本真的窗門。

每天，我們所做的就是走路、休息、吃飯、分享、獨處以及和自然界的生靈對話，很放心也很舒心。山中人跡罕至，一路上，偶爾會遇到哈薩克放牧人和幾戶遊牧家庭，透過造訪他們的夏牧氈房，見識真實的哈薩克民間生活文化。

拋開所有世事的牽絆，也了無世故人情社會規範的顧忌，我們把自己的頭

腦交給自己的心，將自己的心交給大地，向內觀照自己，進入一段專注、不受干擾、純然寧靜自處的情境，過的是一種毫不費力、超然於世俗之外的生活，無須操煩、沒有衝突，內心隨時都是如此空明自在，沒有掙扎，無所迷戀與束縛和計較，進入一種與世無爭的狀態，彷彿遇見了另一個自己。

原來沒有手機和外界雜訊的干擾，和世界暫時遠離的時光可以如此單純美好，它為我們的心留下了一些空白。**險峻的山路，讓我們的心念全然專注在踏出的每一步，在每一步與一步的移動中，感受到一種全然的專心，那是一種完全不須刻意努力或抗拒分心的狀態，如此專注地活在每一個當下，讓我們心中留下餘裕，排除妄念，感受只有那一刻所擁有的豐實與飽滿。**

當我們專注於當下時，便會傾聽到存在於大自然無所不在的聲音，而發現「靜」並非無聲，在你完全專注安靜的當下，才能傾聽到那個來自原始大地和自己心靈的聲音。

在專注的寧靜中，我們清晰地聽見風吹過層層相疊的松林，發出的是一種有高低韻律、層次協調和美的樂音，流水滑過溪石拍打著岸邊，激盪的是一種生機沛然、活力蓬勃的聲音，鳥兒在樹林裡的齊鳴是一種輕柔嬌媚的啼音，大自然充滿著各種音聲，只有當我們能夠把所有噪音和心底的雜訊沈澱，進入完全專注時，才能聽見屬於自然界如此豐美的音聲，它也是我們心靈覺察自我的聲音。

與世隔絕的獨立讓我們遠離物質世界的浮躁和喧囂。天山，教會我們一件事：**愛與美的力量大於一切，它比恐懼更有力量；山巒與山巒之間的平靜，讓你相信：只要有信心，任何事都有可能發生！**

荒野也教我學會傾聽與辨別周遭各式各樣的聲音。當夜晚來臨時，沈靜的谷壑中此起彼落傳來各種動物陣陣的鳴叫，那聲音隨著風，多層次地飄送著，聽來很近，實則很遠。偶爾小驢子粗啞的吠叫聲從遠處傳來，像極委屈的泣訴，讓我心頭為之一顫，那聲音盤繞迴盪在低窪的山谷和我的心中，久久不散。

大自然是一首首既豐富又熱鬧的樂曲，天山的夜晚，我們在自然界豐美的音聲中止靜歇息。

清晨，大地似亮還黑中，我會在隨隊的哈薩客長老如僧人清亮的吟誦祈禱聲中醒來。寧靜中，那個旋律聽來乾淨祥和的吟誦，讓人心安，領著我們感受神的相應祝福與信息。人的願心，隨著晨曦的微光向上天飄揚而去，在向美好的一天敞開心門之前，我們先向天地敞開；在虔誠、認真的心緒中，開始一天。

起臥安然，讓喜悅和愛在每一天都如旭日初昇的光，充滿心中！

透徹專注的力量

在每天專注的行走中，我們可以默想與體察天地的「道」，從中發現自己內心巨大的變化，那是對美的極大敏感與對周遭事物逐漸深刻的洞察力。

旅途中，我漸漸從大自然的運作中領悟到生存之道，了解到中國人春耕、秋收、夏耘、冬藏，單純沿襲祖先的智慧，穿越一年四季，在時節變換中尋找屬於每個季節獨特節奏的生存狀態，那正是我們應該謙虛地認知與遵循的大自然的秩序。

然而，反觀我們的生命節奏和存在的狀態又是什麼？我們如此用力地生活，彷彿生活是一件需要出力，刻意才能維持平衡的槓桿，但我們或許忘記了，**自然界的萬物從不需費力展現著自己的生命，而我們是不是正費力地將生命浪費在所有無謂的抵抗控制中？**也許我們該做的只是重新思考與大自然的關係，從大自然中領悟生命的真諦。

路途中，累了，停下來歇息，喝一杯山泉，你會發現「水」是有味道的。因為喝水的時候，你是慢慢的、每一口、每一口的品味它，感受「喝水」這件事。

在荒野中，水，是如此珍貴的資源，我們以有限的水，完成一天生活所有的需求。這讓我們重新連結水與生存的關係，喝水，是大自然特許我們的神聖享用。當它不是理所當然的獲得時，每次的享用，都是一份感恩。水，不僅是水，它是生命的源泉。

高山上，最缺乏的物資是水果。哈薩克人一年大概只能吃到一兩顆梨子，在山上吃梨子，每一口流下的汁液都是恩典，當我們喝一口水、吃一粒蟠桃、品嚐一顆新疆水梨的時候，跟平地的感受完全不一樣，含在口裡，放在嘴裡的東西沒有變，只是專注，讓心細緻了。食物，於是有了完全不同

的滋味。

忙碌的城市生活中，喝水時，如果我們也懂得把一口水分成十幾口來品嚐，水，一定不只是水，而有了「心」的滋味與甜美。

在山裡，我們領悟，與我們生命最相關與重要的不是財富、地位與權力，而是天氣、水和陽光。

專注，讓我們看見生活中一些微小的驚奇和感動，喜悅的生活往往就是來自我們對生活中一些微不足道的事物纖細的體會。

專注，是一種能力，也是一份禮物。

分心的年代，我們該重新學習專注和傾聽，傾聽自己與大地的聲音，分心的年代，我們可以重新學習獨處和寧靜，在幽靜中回到心靈的家，專注與安寧，遠離妄念紛飛，是對自己的一種慈悲與祝福。

天山，讓我透徹了一種「靜」的巨大力量。在寧謐中，觀看自然變化無窮的壯闊風景；在靜心中，內觀自我覺知照見的靈性對話。這是段「我」與「我自己」的本真相遇的旅行。

專注，便是向內探詢「我是誰？」的方法與過程！

天山的旅途中，我總是不停地在思考，並且回應自己的提問。在一問一答間，我察覺真正影響人生的，不是我們在做什麼，而是我們的生命本質是「誰？」。

這樣自然的領悟就是在最專注的心靈中所開出來的花朵！

真正「在一起」

天山旅途中，放下「手機」，我們發現最好的風景原來就在你身邊。沒有手機，切斷和文明聯繫的日子，我們的心更豐富了，五官有如獲得重生，也讓我們覺察科技對文明生活的影響。

生活在這個科技主導的時代裡，外界氾濫的信息和刺激嚴重地堵塞了我們的腦，混淆了我們的心，干擾了我們的關係和感覺。我們生活在一個極度分心的環境，忘記如何安靜自處，如何從生活中的煩惱和混亂中抽離，如何不讓雜訊在腦中逗留生根。

依賴科技，**我們可被複製與儲存的記憶太多，而真正能被存藏與擁有的深刻意義太少**。資訊技術的進步，讓人在表層的生命游移，卻忘記自問，我們到底想要些什麼？浮面的生活，讓我們逐漸失去了人的溫度與深度，不再那樣關心周邊，誰，受了傷？誰，脫了隊？誰，下了車？臉書，Line、微信、微博，各種連結人們的科技，讓我們知道越來越多，本來我們不可能、不會或不該、甚至並不想要知道的事，我們可以藉由打卡輕易掌握許多周遭不算熟識朋友的行蹤、作息、餐敘邀宴的美食內容，但是卻無暇與身邊垂垂老矣的雙親共同完成一幅他們成長歷程的拼圖，無暇為他們即時書寫生命故事，也替自己和他們共同的旅程留下生命的見證。

科技讓我們擁有遠方虛擬世界的同時，往往卻忽視了身邊溫暖的陪伴，讓我們逐漸陷落在一個少有親身接觸的冰冷世界裡，無法自拔。表面上我們彼此聯繫得更加頻繁，形體上卻不再親密與擁抱，大部分的時間裡，我們只是在不同的空間獨自揣摩著彼此心裡的喜樂與憂傷，卻無真實的分享與互動。當需要面對面、手牽手、心連心、真誠擁抱彼此的情意被虛擬的形式取代時，我們不免失落與悵然，畢竟，分享，是需要投入感情與時間，而不只是眼球與手指的一種勞動，以及一道標題間的瀏覽和理解。在享受資訊技術便利的當下，我們是否也能覺察它正一點一滴的改變了我們共同建構的社會真實與情感的樣態。

我們「在一起」，好像彼此相愛，卻又實則疏離。
好像彼此親密，卻又不夠相知。

在你疲憊困倦時，有誰能以身體陪伴與扶持你繼續前行？

在你不安躁動時，又有誰能以心靈撫慰與傾聽你內心的悲鳴？

這個世界真的太需要、太需要你我面對面相互嘘寒問暖的情意與溫暖！

我們真正關心周遭的人嗎？在這個講求效率速成的時代裡，社群媒體中熱絡的互動，臉書中的每個「讚」，代表了什麼意義？

按一個「讚」的當下，你，只是一根指頭的鍵入？還是一顆真心的涉入？

當我們逐漸成為「標題族」時，你我生命的交會，似乎只剩下一個標題的長度與深度！

此刻，我們要面對與解決的，不是擔心我們遺漏了什麼資訊，而是自問，我們還需要深入瞭解什麼？在眼前這個一切意義都可以透過虛擬、剪貼與複製的時代，我們早已忘記來自於人的幽微情感維度即是我們僅有的光，也忘記了在同行的歲月裡，我們彼此曾經相互學會的事：真切、擁抱與愛。

我們或許時常擔憂自己無法緊隨這個一路向前的時代，而無法完全擺脫對科技的依賴，但我們是否起碼該**絕對地擁有自己，覺察自己那顆已被科技控制的心靈**。

連結與敏感

因為專注，在天山行旅中，我看見周遭萬物的存在。

在專注的寧靜中，你的身心靈是一體的狀態，自然地注意到周遭的一草一木一事一物的存在，與他們產生連結，領會一種和萬物共生的情懷，並心生慈悲，或許那就是所謂的「天人合一」。**這種對天地萬物共存的覺察與感受是一種敏感，也是一種發自內心的善念和愛，能夠將心比心，體會與**

守護每個生命的情懷。

因為專注，旅途中，我第一次如此仔細地凝視停歇在眼前枝頭上毫無驚懼的鳥兒，觀察在廣闊的天空中自在飛翔呼嘯而過的老鷹，看見「馬」的無怨無悔，也聽見了「驢」的容忍委屈。在無數個瞬間裡，我強烈地感受到人與動物間心靈感應的存在，也體悟了與萬物「合一」的境界。那是令我難忘與感動的生命體驗。

從小，在城市裡長大，我和動物的接觸有限，對動物的認識多限於家庭畜養的寵物，對它們的印象與了解也幾乎全部來自影片中的描述。直到天山行，我才第一次聽見馬驢真實的鳴叫聲，近身接觸觀察它們的習性、特質，發現動物其實有著與人相通的特質。

不同的動物常被賦予不同的人性比喻，像父母對子女的愛總被形容為「做牛做馬」心甘情願。在天山，我打從心底明白了這句「做牛做馬」成語的

涵義。

過去我從沒見過動物不同的表情，或疲累出汗的樣子，也不了解動物可以如何感覺人的情緒和情感。當自己的內心處於深切的敏感時，我很自然地便與其他生靈有了連結，對周遭所有的生命滋生一種將心比心的愛、同理和尊重。

敏感，讓我不僅看見也能傾聽萬物的感覺，那種更深層次的傾聽，竟然讓我聽見了馬兒的喘息聲。當我在險峻崎嶇的山路攀頂的途中騎馬而上時，突然清晰地聽見了那馬兒的喘息聲，當我伸手輕撫著喘息不已的馬背時，發現手心全是它的汗水，夾雜著脫落的纖細毛髮，當下，我心痛不已，眼睛就溼潤了。

下了馬，我撫摸著馬兒的臉頰輕聲細語地對他抱歉和感謝，馬兒像是充滿被理解的感動，默默眨著大大的眼睛，與我相互凝視著。我從不知道馬兒眼神的流轉竟是那般溫柔和充滿靈性，時間彷彿靜止在我們交會的同理中。**在馬兒的眼神裡，我讀到了父母一生無盡的付出，那甘心情願為了愛，一世做牛做馬無怨無悔的父母，可曾有過自己的幸福歲月，可曾追求過自己的人生？**為了成全兒女的幸福，父母做牛做馬，任勞任怨一生馱著心愛的兒女。可是，有多少騎在馬背上的兒女是馬上不知馬下苦！父母，就如這匹滿身流汗的馬兒，是讓我們孕育夢想，一路攀頂的推手，這個突然的體悟與感恩之情讓我的眼淚不知道從什麼時候開始一直流、一直流下來。

天地萬物有靈。我發現動物其實可以感覺我們心中的感情，只要他們感受到我們的善意和愛護，便會自然與我們靠近、親密與信任，所以了解我們自己是非常重要的。只要我們先找到自己的心，並將心打開，用心去聆聽，便能感應到其他生命的存在，與他們建立我與你的平等關係，你會體悟原來自己與天地萬物共生與相互陪伴，我們一點也不孤獨。我們不只與馬羊牛驢、也可以與花草樹木、河流或所有生靈取得連結。

當我們能夠了解自己的心，打開它，並感應到別人的心乃至萬物的靈時，生命的孤獨感就消失了，我們會發現，原來我們和所有其他人以及天地萬物都是處於同一個地球的存在中，也是萬物一體的。這種境界應該就是我從來只是聽聞，卻並未曾深刻體驗過的**「天人合一」吧！**

旅途中，還有一隻一路為我們馱重物、全程陪伴與服務我們的小驢子，也讓我掉了淚。生活中，我們常用「驢蛋」這個詞來形容一個既笨拙又頑固的人。然而，在天山，我第一次發現驢子其實是如此溫馴可愛忠誠的動物，它們那種為人負重時，近乎頑強、認份與毫無抵抗的堅挺，讓我莫名的感動，但我始終不解為什麼這樣的特質，竟會成為人類眼中的負面特質？當我看見因為負重而磨破皮膚的小驢子時，眼淚忍不住的流下來。小驢子，給這個有時顯得薄情寡義功利現實的社會帶來許多啟發。

只有在全然專注靜心的當下，我們才能真正的傾聽、觀察與同理其他生命的存在。專注，讓我們心變得敏感、柔軟與慈悲。

人類太聰明，總想著如何控制天地萬物乃至征服世界，但我們其實並不認識這個星球上許多生命存在的真實樣貌。文明或許可以征服世界，但卻不能感應到萬物真正的存在，因為我們的心沒有打開。只有與天地萬物建立連結感，人間行旅才不會有無限的孤獨感。因為與天地萬物隔離，毫無連結時，我們的心就像一個巨大的黑洞，什麼都填不滿，我們並不知道問題的關鍵是要去恢復這種連結感，反而只是拼命地想把這個可怕的黑洞填滿，任何東西都行，物質、權力、財富……那使我們生命陷入始終擺脫不掉的深沈孤獨中，永遠無法化解這個黑洞帶來的恐懼與欠缺。

萬物有靈。專注地用自己的靈與萬物的靈取得鏈接時，我們才能體會所謂的「心靈感應」。

七、抵達

頂峰的祝福

站在山之巔，
我知道自己心中有某種
無懼的力量，
一種足以幫助我
克服任何障礙的勇氣與信心，
那必是來自天地的恩典。

穿越濃蔭幽綠的世界來到「頂峰」

一路上行，旅途的第二天，我們朝著海拔高度達兩千五百公尺的「結樂大阪」前進攻頂。

高聳的山峰在眼前拔起，不過幾公里的路程，坦途少，險路多，越來越狹窄與高低崎嶇不平的山路，還有佈滿流沙碎石的小徑，讓人稍有不慎就會滑倒。我們走上了此行最艱苦的一段路程。

氣喘吁吁自是難免。天山啊！它此時是昂立的山神，聳身在盤根錯節的杉柏灌木林之後，控制了我的手腳，讓我無法自如，卻仍一路拖我上山。到了距離峰頂不過一公里最艱難處，亂石崩坡、抬頭望不到頂，主峰竟藏在必須七十度仰角而上的碎石坡後，呈之字形彎折而上。登頂，是山神在上頭拉著那一端，張新在下頭這一端拉著我，大步向上攀爬。

怕張新鬆了手我便會滾落下去，我緊緊抓住他的手，心緒完全放空，無比專注，隨著自己的心跳，不斷調整著呼吸，腳下窸窸窣窣的聲音迴盪在完全安靜的山間，我一邊緊盯著自己踩在碎石上的步伐，一邊聽見那偶爾響起的碎石片在我腳下啪啦啪啦滑落滾動的聲音。路愈往上愈艱難，我步步斟酌地往高處吃力地移動，聳立的高峰在不遠的前方引領著我，但我完全不敢抬頭，深怕看見眼前險峻無比的陡壁，會阻礙動搖我繼續向上攀行的決心和信心。

此時日已末，天漸暗，薄霧濕寒逼人，裹在厚重外衣內的身體卻已被汗水浸透。終於到達目的地的那刻，我疲累已極，接近體力耗盡的邊緣，幾乎是只剩一口氣。當下，我覺得自己經歷了地球上最艱難的跋涉，但同時卻也感到內心深處有股高漲的喜樂。我了解自己並未征服這座大山，而只是帶著戒懼與崇敬的心情從它濃蔭幽綠的世界裡穿越。

那次攀峰體驗，無疑是我今生所從未經歷過的一場體能與心念的雙重考驗。

山巔的洗禮與領悟

當我終於登頂，還在氣喘吁吁，疲累到幾乎無法站立，心神都還來不及落定時，山頂上那幅宇宙蠻荒的原始景象，剎那間將我完全震懾住了，眼前是一場從未見識過的高山風雲瞬息萬變、巨大神奇的展演！

我急切地朝向瘦窄的脊頂走去，站在山稜最高點的那刻，我看見自己的身影在天地之間是如何渺小，而一幅令我震撼的景致不期然地呈現眼前：**那時正是黃昏，橙金透亮的霞光映紅了山頂，夕陽的餘暉時隱時現，雍容華麗地穿過接天連地繚繞的雲霧裂縫，由對面遠處億萬年冰層不融的雪山背後射出，燦爛奪目的光景，每一分秒都在變化著形色，毫無聲息，卻有著激情展演的熾熱，敷抹過四周的山頭，豔麗的光芒竟然勝過黎明破曉的曙**

光，真是天顯容顏的美景。此時轉身，背後，同時卻又見一輪皓潔無瑕的明月，正由層層交疊繁茂的杉林中冉冉躍升，火焰般嫣紅的夕陽和皎潔白淨的明月相互映照，夕陽和月亮一起並現在我們的視線裡，真是人生難得一見的天顏突顯啊！

親臨一個秋日索瑟卻又輝煌結束的場景，讓我感受到從未有過的撼動，當下心靈是完全被充滿的狀態，那是一種心神的清明，一種莫大的喜悅、純粹的愛與感恩，我感覺自己的內心似乎在和天地對話。那一刻，我相信在這個高山世界裡，真的有一個神靈，在其中，與我相互凝視、傾聽我、撫慰我，為我解開生命許多巨大的「謎」，那是有關愛，有關存在、也是有關生死以及生命種種困惑的祕密。

這樣的感悟，讓我有滿溢而出的激情，夾雜著一種溫暖美好到想要掉淚的飽滿。一股從未有過的被理解與撫慰的情感充滿整個心靈，我的淚水潰堤而出，心中激盪起伏。當下，大山也不由得激起我對母親的思念，我不禁想，山的背後是什麼？那會是天堂的所在嗎？母親是否就在那裡安息？我是多麼多麼想念著她啊！失去母親的傷悲、人世一場的美麗與惆悵，讓我終於止不住地放聲大哭。那一刻，我感覺自己見證了神的相貌和光輝，聆聽到天地那個冥冥之中的召喚，受到莫大的安慰和啟示！

剎那間，我突然覺悟，自己看見的不只是夕陽，也從夕陽中投射了自己的生命過程與存在狀態。每個生命都會如眼前所面對的變化無窮的夕陽，在經歷複雜與豐富的變化後走向最後一刻，重要的是，我們是否能毫無保留的在最後一刻仍奮力展現自己最華美動人的身影，像夕陽一樣，那般盡興地揮灑自己燦爛的餘暉，令人讚嘆地從白日退隱到黑夜。夕陽如此淋漓盡致的退場，正如我摯愛的母親臨去時展現的最後身影：雍容自在、堅強若定、無怨無悔，也了無遺憾。我忽然明白，原來母親的離開其實為我注入了無窮生的勇氣和力量！

當下，我不禁回顧自己生命走過的足跡，省思自己是以什麼樣的姿態活著，

又為自己留下了什麼活過的痕跡？我看到了自己一生如此真誠執著地活出極致燦爛所留下的榮耀、失意沮喪時留下的傷口、那些隨歲月淡遠飄逝的許多心情、還有一些永遠無法再回頭與改變的愛怨情愁。我忽然明白，**人世一場，我們需要在意的其實只是永遠盡心盡興地活在當下的美好中，並且無論如何都要在結局來到前，讓自己生命的過程能夠像夕陽一樣無限華美的綻放，哪怕那是最後的一次！**

站在天山之巔，我驀然覺察自己悠忽一甲子的人間歲月已過，了然回家的路近了，人世一場，歡喜今生，只願懷著上路的初心，走上最終回家的路！這剎那間湧現的體察伴著領悟，讓我的淚水不曾停歇，如同進行了一次心靈的徹底洗滌。我心中冉冉升起一些既感恩亦有感傷的情懷，那是對人世之旅的感恩，也是對世事與生命無常的感傷。

夕陽，讓我對自己初暮之年的生命意義又多了一重的瞭解、期待和熱情！

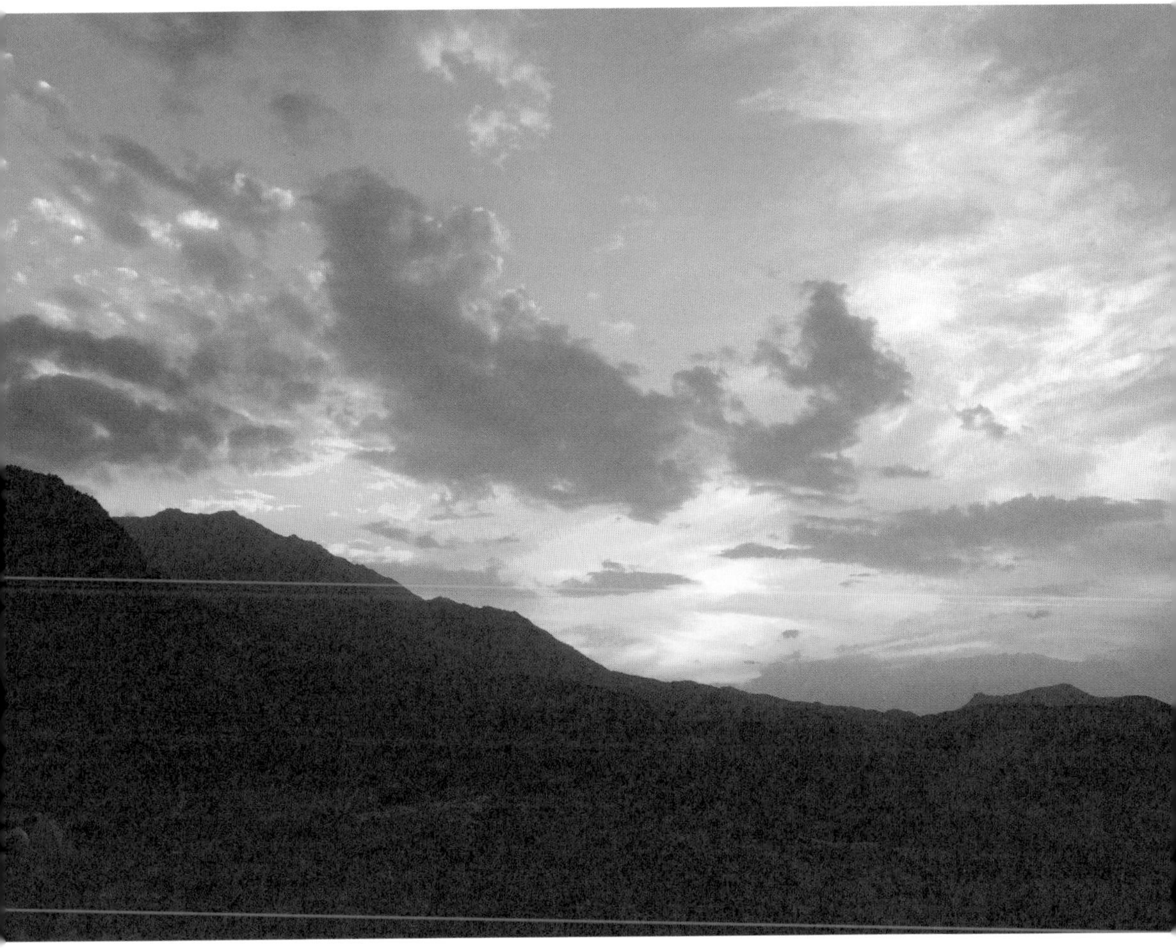

領受天山的禮物

天山的一景一緻，正對應著人生階段變化的巨大內在風景。每個人的內心都有一座自己的天山，那是我們對歲月靜美的無盡期盼，也是我們對生命終極歸屬的寧靜想像，無論經歷生命的高峰或低谷，支持我們越過山峰、跨過低谷，盡心盡力前行的，只是一個單純的信念：唯有勇敢跨越高峰，走過低谷，才能到達幸福的彼岸，也只有盡心盡力走過無怨無悔的一程，最終回家的路，才能求得一個無憾、自在與圓滿！

站在山之巔，藉著喜悅與感動的淚水，我表達了對天地的敬意與感恩。今生我所擁有的一切，都是一種福報，自己的存在，每一個呼吸、來到天山，看山、看水，看著那樣廣闊浩瀚、深邃，隨風浪起伏的杉林。我深深感覺自己的存在是受到祝福的，能在今生今世來到這個世界，走過夢境般的天山靈界，祈禱與祝福在心中升起。我知道自己心中有某種無懼的力量，一種足以幫助我克服任何障礙的勇氣與信心，那必是來自天地的恩典。

站立在天山之巔，大山無言卻又似靜穆地述說著對於意義、生活和哲理的追思，也回應了我們對生命的扣問：「我是誰？」、「我從哪裡來？」、「要到哪裡去？」、「我到達了嗎？」在無限感慨的欣悲交加中，我與自己對話，重新相遇與認識。

結樂大阪的頂峰體驗，留給我此行最難忘和最深刻的記憶，有美麗與感動，但不免也有對再絢爛的生命終將凋零的幾許蒼涼的感悟。我省悟到生命最本質的生死，生命前面，每個人都有死亡在等待著，可是只要我們在生的過程中盡心地完成自己，了無遺憾，則生命自然凋零的歷程即如花朵、如夕陽，又何足憂懼？

這樣的體悟是此行天山送給我的一份最美好的禮物！

當晚，我的帳篷就臨著高點搭建在山脊上，帳篷裡透出的微光映照著大山，形成一種有趣的對比畫面，幽微飄渺、如夢似幻。我躺在睡袋裡，感到一種與天地同在的安詳和幸福，當天頂峰體驗的種種感動、喜悅和印象，一起伴著我入眠。

臣服

一路上行，偶爾回眸，喜見我們已在雲頂，這才明白，這趟天山之旅讓我領會了「臣服」的意義。

多少年來，對於什麼是「臣服」的內涵，我始終不甚了解。天山行，讓我終於了解原來臣服不是一個概念，它無法強求或習得，而是在大自然面前，我們如此自然發生的領悟。

走在天山，讓它包容著我，臣服之心自然而生。那是一種出於對天地與大自然最崇敬的愛與感恩而生的交託，也是一種冥冥中深受大自然看顧護衛的無懼、無疑與無礙的信任，以及放下一切憂懼的自在。那更是一種將生命的短暫與大山的永恆作圖底意義對照下，所獲得的開悟。

在大山之前，我們明白自己只是無盡時空中的一個偶然的存在，在無窮的宇宙中微不足道。當我們了解太陽系有多大，其中有多少數不清的星星，我們便明白了自己的生命在其中的渺小。

但儘管如此渺小，我們卻並不是一個孤單分離的個體。當我們抬頭仰望星空，自我完全融入那寬廣與深邃的浩瀚宇宙時，巨大的喜悅和感動，會生出強烈的歸屬感。當我們意識到自我價值是與更遠的未來和更大的群體相連接時，這份想要追尋真理和智慧的生命活力，可以穿越時空，和宇宙萬物一切物質與能量的發源地息息相通、渾然一體。

大自然孕育了我們，當我們體會到自己的生命生於斯，長於斯，最終也將歸於斯，並擁有「我在其中，與其相連」的了悟時，便獲得了心靈無比強大的力量與歸屬感，解脫了許多人世常在的紛擾、憂懼、抗拒與控制。明白這些，臣服之心就自然而生了。

臣服，是我從孕育生命的大自然中，所獲得的一份神奇的能量。領會臣服，帶來靈魂中完滿的感動、喜悅和幸福！

天地有大美

來到天山後的放鬆與放空，是感受天地之「美」非常重要的一個開始。這種「美」，讓我們的心變得柔軟與慈悲，那是對所有生命存在的一種最高的覺察與敏感。

文明的城市生活中，我們總是追求著物質形式上的美，那種刻意設計營造出來的美。長久以來，我們缺乏體察自然之美的機會，逐漸喪失了對美的覺察力與敏感。我們忽略了對美的認識與欣賞，是生命很重要的一個部份。

天山的每一天，在專注的行路中，我們聆聽大地，呼吸荒野中的氣息，深情凝望山的俊朗、雲的飄逸、風的自由、在心靈那般安靜的當下，領會大地之美，那光線明暗交錯、樹影斑駁的杉林，被高聳的林木圍繞的綠地，一片平坦開闊的草原，一條奔放湍急的河流，一座座幾乎垂直陡峭的高坡，一個視野壯闊無垠的峰頂，都將我們帶入一種極致的美感中，那種美，讓我們感覺生命的開闊豐富，帶給我們對生命美好事物的感恩與期盼，也讓我們內在的喜悅幸福如清泉般持續奔湧。

每個人內心對大地與自然的敬仰和熱愛，對美的感受與覺醒都是飽滿與強大的，無論是對陽光、明月、雲霧、風霜、雨雪或一座大山、一條溪流。

在攀登天山高峰見到自然極致之美的剎那，我領悟了什麼是天人合一、厚德載物的情懷，那是一種對差異存在的每個生命的包容和寬忍，甚至對世間一草一木的護衛，也是一種超越小我的深厚力量，在那個神聖時刻，我是如何為天山袤廣無垠的壯美無瑕所感動，我體證了這種絕頂之美，自己也融入成為美的一部份。

原來，美到極致時，是超乎感官知覺的範圍，它是靈魂最高的覺察與感動。你只能陶醉在其中，而沒有能力再去用情感、理智或任何言語分析與描述它，因為比起對美的頌揚更重要的，是感覺與感動於美的本身，那種因為美而升起的感動與喜悅，應該就是莊子所說的：「天地有大美而不言」的意境。

「天地有大美而不言」的真義更可能是，天地之下萬物其實無所不美。這就如有人認為，數大即是美，但小而細緻，也是美、整齊可以是美、錯落有致也是美、強壯可以是美、纖弱也是美。

「天地有大美而不言」提示我們，美，可以不同的樣態出現在我們的生活中，一旦擁有了欣賞美的心境時，你會發現，這世界可以無所不美，透過對美的極致體驗，我們會變得更為柔軟開放，改變自己看待世事的角度，體察到無論什麼生命最終必將灰飛煙滅，也因此覺知到自己與眾生萬物之間那份相通、平等與深深的連結，並能以更開闊的心去接受每個人本然存在的樣貌，如同欣賞天地間一草一木存在的殊異，且心存感恩，那就是擁有了生命最高的神性——慈悲心。

接納與欣賞每個人存在的意義與價值，領會那即使最卑微謙遜的存在，也是一種美。

每個人的存在就跟大自然中的花朵一樣，每朵花都有它自己殊異的美，正如同每個人也都擁有別人無法取代的獨特性。山野中的每一朵花並不會去和其他花朵比較，也不會去模仿另一朵花，它只是盡情與自信地綻放，展現自己的容顏，而我們似乎也不會去比較與嫌棄一朵花的美醜，而是盡情

地欣賞它們各自的姿容，讓每朵花自在地成為它自己，活得盡興與快樂，並且懂得去欣賞不同花朵的美，將它們相互搭配呈現協調的景致。

開一朵絕無僅有的花

人，不也該如此嗎？**每個生命都該是為自己盛開的一朵花。生命太短，我們來不及模仿別人，更無須去和他人比較，只要做自己，便會擁有自由的心靈，展現自己獨一無二的特性，毫無保留地綻放光芒。**那種找到自己的獨特性而完整的生命，就是一種絕對的美。

所以，「美」也是一種開放的心靈，能夠欣賞不同的生命存在的狀態，不去將人做比較，而是去接受、欣賞、讚美甚至幫助別人成為真正的自己。如此，我們身處的世界自然會如同百花盛放，每個人都無畏地展現各自的丰姿，呈現天地之中無所不美的精彩！

長久以來，我們為文明所困，很少思考人與自然的關係，也失去了和大自然互為圖底主客相映的思索，理所當然的，我們將自然當成是為我們所用的資源與陪襯。我們不僅受限文明環境，失去了與自然的聯繫，對整個生

命的美也漸漸無動於衷，甚至喪失了對美的體察與敏感。

在文明中成長的人們，為什麼會逐漸失去了和自然親近的動力與渴望？與大地、落葉和斷枝之美的聯繫？

自然，不僅僅展現在小花園裡點綴的小花，牆角花器中已被剪斷臍帶的花飾，城市街邊花圃裡的草木、綠地或流水，而是整個地球上的一切。然而長大後，我們對美已不再有很多驚嘆，而只是在感官層次上欣賞一種美，並且在下意識裡，將一切美的存在視為理所當然，甚至視而不見。

天山，解放了我們的心靈之美，而「美」讓我們對生命充滿感恩與喜悅。

美，在人的身上，其實是一個自我實踐與完成的過程，那是一種自在的存在樣貌。當我們可以照著自己想要的樣子飛翔，完成自己，那就是生命的大美，也是找到完整的自己時一種絕美狀態。

讓我們試著從身邊將這般對美的覺知和情感重新找回來！

天山，喚醒了長期以來沈睡的感覺，讓我們的所有感官重新甦醒。對美的沈思與覺醒，是當我們開啟五官後所充分體會到的一種對生命無處不在之美的驚奇。

美，讓你在觀賞中感到愉悅，在省思中有所領悟與提升。然而，當美感只為賞心悅目時，其中並無讓人震懾或多大扣人心弦處。最深的美質永遠存在人們對追求美好生活那種永不放手的心靈。

美，也是一種分享。我期待有一天，我們可以一起上天山，你會在天顏盡現的夕陽前、繁星如織的星辰下，熱淚盈眶地與我分享那份充滿心靈的快樂、驚喜與感動！

八、獨處

靜享溪流的撫慰

獨處是一種能力、
一種意願、一種境界，
更是一種巨大的力量！
凝結的時間讓人感動，
安靜的力量讓人強大！

川流不息的溪水

旅途的第四天，我們來到了「金沙灣」，在戰戰兢兢地跋涉走險之後，高山草原是一個適合讓人停下腳步，卸下行囊，好好休息，讓心神靜一靜的地方。那是座落在天山北坡松林下的一處平坦的高山草原，是天山馬鹿生息繁衍之地，也是集雪山景觀和森林草原為一體的多層次溪谷區。在這個林木繁茂平坦隱密的草原中，臨著一條幽祕激越、奔流不止的溪水之畔，我們紮營兩日。

在這裡，我體會了大自然與河川的撫慰，以及獨處的自由和寧謐。

這條穿越金沙灣的溪流氣勢雄渾，溪谷中亂石嶙峋，澗水跌撞而過，在交疊的石縫中穿行激盪，湍急地四下奔流，震人心弦，水光粼粼透底的溪水百折千迴，蜿蜒動人。閃耀的陽光在正午映照在溪流中，可以想見水的溫暖與歡愉。

沒有人能讀懂一條河流。儘管她把一切都敞開在大地的陽光裏，我們卻無從得知，她來自何方，將流向何處？川流不息的溪水就像生命，她永遠都在追尋、推進、衝擊、穿透每一個轉折的縫隙。她沒有起點，也沒有終點，只是充滿熱情和活力，永無止盡、快速地向前奔去。她從不執著於過去，或為過去所羈絆，美好的、污穢的，都會隨她而去，流向更深更遠的所在，最終匯入大海。

河流清澄、渾厚有力的身影，像秋日高天上的流雲，在我們的心裏蕩漾，水面臨風隨勢泛起陣陣漣漪，就像不同生命階段的境遇，隨時流動改變著。但她卻能適應任何渠道、接受當下，毫不猶豫也不在意任何阻隔地帶著動力，突破障礙，順乎自然地向前流去，流向遠方，哪怕前方可能是一個更大的墜落。

你無法讀懂一條河流，她的來處與流向，從哪來？要流向何方？卻深深愛上她那迅速、深奧、充滿了無比活力及美感的身影，就像我們對尚未展開

的人生和未來，永遠懷著無窮的想像。

從山頂奔流而下的河川，不曾有一刻停留地尋找通往大海的路，就如同我們對生命終極意義探求的熱切渴望，這股活力，必定也能為我們找到自己生命終極意義的出口。

浸染山林的幽靜

八月初的天氣非常完美，白天經常是湛藍的天空，連一絲白雲也沒有，那翠綠的枝葉，佈滿了陽光，花草自在的綻放，美到讓人有無限遐思！

天地間，只有我和造物者。

我靜享浸染山林的幽靜，以及與河流交會凝望的時光，在探看文明邊陲——荒野，被漠視與隱忍存在的同時，也思索著荒野與文明、人與自然、我與自己意識間的關係。

融入天地之中，心，自然安靜下來，聽聽風、聽聽雲、聽聽樹，聽聽水，也聽聽自己的心中在說些什麼？於是我展開了在大自然中靜坐與獨處的時光，不煩惱過去，也不憂慮未來，只是純粹地感受自己活在當下的此時此刻，享受一個在寧靜不受干擾的狀態下，完全獨處的機會。

午後，隨著陽光的移動，樹影變深，坐在樹下，有穿透枝葉縫隙搖曳的光影陪伴，完全不覺得單調與孤獨，反而有種靜謐的快樂。原來，快樂就像那些搖曳的光影，超然自逸，毫無目的且難以捉摸！

整個下午，我就那樣定靜地坐在樹林間一棵不知名的大樹下，看著太陽在林間緩緩移動的光影變化。我從沒有想到，陽光移動的腳步竟會那般令人著迷與心動！在和自己孑然獨處、面對自我的時候，我真切地感覺到和天地神靈的親近，也體察到萬物皆有生命的真實。

城市生活中，我們天天都見到陽光，但卻不曾見過它在枝葉的縫隙間搖曳生姿、千變萬化的光影，又怎會想到自己會為投射在林間的幾束光線所吸引，而心動呢？就在這樣靜默的守候裡，我度過了整個下午，直到林間的光線開始暗沈下來。

那個午後，我惟願沉浸於萬物之靜美中！

萬物默然無語的陪伴

坐在樹下，無為的空白，時間完全靜止，陪伴我的大概只有水中的天光和雲影。我，只是安靜地坐著，很快地，感覺自己和天地間有種特別的聯繫，這聯繫裡有深刻而沈穩的安定和一種極致的美感，以及只有風和雲、樹木、流水才懂得的自在與安適，那也是一種與天地乃至與自己心靈更高層次的連結與交流。

我注意到身邊每樣東西的存在，它們都充滿了活力與旺盛的生命力：小草在陽光下閃閃發亮，鳥兒快樂地跳躍啼叫，樹葉散發奇美的光澤，天空的雲正享受著微風的撫慰。我感覺與萬物共存、默然無語的安詳、充實、自足，也體會了所謂「群聚時悠然自在，獨處時怡然自得」就是心靈最大的自由。

當我們和藍天、白雲、枝葉或者樹幹進行交流的時候，並不需要言語，只要有寧靜的內在，並且從心去接受、傾聽，便可認識它們存在的樣貌，感受它們所帶來的溫暖，享受那份靜默的陪伴，並且從它們的存在中學習天地生存之道。

在全然安靜的自處中，我意識到自己完全與完整的存在。我聽見自己的呼吸聲、心跳聲和意念流轉的聲音在寧靜的空氣裡蕩漾。閉上眼，感受當下如此清明、柔軟、細緻的這個自己，正在更高處觀看著另外那個一路去來，為俗事所佔據的那個自己。那時的思想有如在當下存在的空間中輕柔流動的浮雲，來來去去，覺察、觀照，我發現自己到達了另一個存在的層面，看見了真正的自己，感受成為那個自己的一種心靈與存在的無邊自由。

靜坐中，我探問那個為俗事掛心的自己：有多久不曾聽到鳥叫蟲鳴、看到林間的光影移動、黑夜裡天上閃爍的星辰？又有多久不曾聞過空氣中泥土青草的氣味？感覺雙腳踩在青草地上的柔軟？在看見這個匱乏的自己時，我感覺一種莫名的自憐與辛酸。

寧靜致遠的力量

長久以來，城市似乎為我們鑄造了一堵堵圍牆，將所有自然的美隔離在外，讓我們不自覺地逐漸失去與自然的聯繫。現代文明生活，讓我們的身心靈堵塞各種訊息，無法為生活中細微的美，保留一些空白與空間。

在這個繁華綺麗、紛擾雜沓的世界裏，我們常覺心浮氣躁，糾結困惑，忐忑不安，只因我們早已忘記獨處是人的一種生存能力，也忘記在獨處中清理積澱的負面思維。**對於孤獨面對自己，我們有著莫名的恐懼，似乎總在逃避獨處，大部分的人寧可讓時間被一堆日常生活中的細小瑣事佔據，心思也耗費在一些微不足道的憂慮上。**似乎，忙碌才能避免獨處，也才能證明自己存在的重要性、地位和價值，帶給我們存在的安全感。

日日倉皇於來去無盡的行程中，我們失落了靜心獨處、內在安靜的力量，即使我們都知曉「寧靜致遠」的道理。有多久，我們不曾自己一個人，只是安靜地坐著，純然體會靜默無語的美，或者走入自然，去觀察枯枝落葉、聽水波拍打岸邊，觀看鳥兒飛翔，以及傾聽自己此起彼落在腦中追逐的思緒，讓我們的心思漫遊，不是去想一些微不足道的事，而是擴大地、寬廣地、深入地去探索、挖掘，檢視自己的每個念頭，並觀察自己諸多意念間的交戰輾轉和對話，觀察自己如何思考，同時也觀察自己如何和樹木、花

朵、鳥兒這些就在身邊存在的生命連結。我們似乎早已忘記了，與我們共同存在的這些大地豐富的內涵，以及得自和自然接觸所獲得的無限單純和美、素樸的經驗，才是我們永遠不會被奪走的生命資產。

這個獨處的下午，我忽然明白，在毫無雜念的專注中靜坐冥想，就可以不費力地獲得對自己的了解！

大山無為，它永遠是那麼沈默、安詳、自足，卻讓我們領悟，原來**平靜，就是靈魂最深刻的釋放，它不單是一種愉悅的感覺，一種暫時的情緒或心情，而是我們存在的最佳狀態。**

快樂也是一種詮釋世界的方法，更是一種能力，我們很難改變世界，但是我們可以改變自己如何看待世界的角度。那可以說就是一種心靈的修行。

趕路中，我們來不及療傷

在這個一切講求效率與速度的科技時代，許多人活得如此匆忙、慌張與狼狽，早已失落了一方心靈的寧靜。生活彷若變速快轉的影帶，來不及看清其中的意義。日復一日，我們把自己埋葬在喧囂、疲於奔命且狼狽的追逐中，追逐著連自己也不清楚的未來，獵取著早已無虞的生存資源。生活，早已跨越生理層次的生存需求，但我們仍然對未來有著無法控制的恐慌與焦慮，擔心著今天的富足，明日會化為泡影。

貧窮年代，匱乏在我們心中種下的恐懼，並未在富裕的土壤中被連根清理拔除。

一直以來，我們總是如此忙碌，忙碌於創造自我的價值，卻仍然對自我存在的意義感到困惑。熱鬧、喧囂、不斷獵取資源與掌聲的生活中，我們無法沈靜下來，享受靜心與獨處的力量。

許多人以塞滿每一個生活時段的行程，來宣示自己存在的重要性、不可替代性、地位和價值，把自己埋葬在工作中。他們日復一日無意識地奔波，朝向一個連自己也不確定是否渴望到達的地點奔馳，妄想著名望能為生命創造更高的價值，財富能為人生帶來更大的滿足，成就能為逐漸蒼老的生命帶來喜樂。

然而逐漸高昇的職務、地位與財富，卻反而讓許多還沒走完人生上半場的人，已有著揮之不去的惆悵失落與空虛。看看身邊許多已符合俗世定義所謂「成功」的中年人，往往顯得特別落寞和無依。

這些年我慢慢發現，身邊無論是那些看來光鮮亮麗出色成功的人，或平凡到毫不起眼、無人注目的人，其實心裡可能都藏著一些傷口，對生活有著很深的無奈與無力感，還有祛除不去的疲累。許多人在快樂或沈靜與奢華的外表之間，看似有極大的差異，其實好像都有著同樣對存在的迷惘。

周遭有些人的存在狀態更是脆弱的好似只靠著一絲細細的繃得很緊的線維繫著，不知哪天，忽然就會斷裂。許多人的內心坎坷、倉皇無助，走著走著，好像就看不見路了。

他們努力尋求改變，卻仍然有揮之不去的空虛、不安，感覺不到自己存在的意義，找不到為什麼而活與努力的動機。在每天身體與腦力的勞頓中，存在，逐漸成為一種虛無的狀態，必須藉由勞心勞力去證明，他們往往會藉由身體的勞動、去各個靈境轉山朝聖，聆聽大師或上師的開釋，不斷嘗試學習新事物並轉換工作、或者改變生活環境、甚至轉換生活方式來找尋自己的存在感，但這樣的努力往往也只是徒勞一場。

九、慢活

在幸福中與自己相遇

趕路中，
我們錯過的不是風景，
而是對當下細緻的
體驗與感受。

慢，是不想錯過和自己的相遇

「有時我們走得太快，卻忘了上路的理由！」幾年前我探訪北京798文創園區時，一張小海報上的這段文字吸引了我的目光，也讓我想起了不久前朋友說到的另一個故事。

一位美國人去加拿大登山探險，請了當地原住民協助背負行李，走了五天後，原住民朋友忽然對他說：「今天不走了，要休息！」美國人很訝異地問他們為何無預警的休工，原住民回答：「老祖宗的智慧告訴我們，休息，是為了等我們的靈魂跟上！」

「等我們的靈魂跟上我們的身體。」不僅是本能地回應一顆疲憊的心，更是愛自己、傾聽自己內在的聲音，靈性覺察與體悟的一種智慧。

生活在五光十色的文明城市，我們踩著繁忙的步伐，看盡浮華璀璨的風景，腳步踉蹌地向前衝撞，讓生活因此脫序，火爆、浮躁、急促，少了沈穩的踏實，在奢華揮霍的物質享受中，卻飽受精神匱乏帶來的失落感，陶醉於珍饈百味的感官享受，卻心不在焉、視而不見又或食而不知其味的情況比比皆是，需要沈澱心境的精神生活，反而被忽略與邊緣化了。

原來我們錯過的不是風景，而是和自己的相遇。

慢，讓我們用身體經驗細細地感受自然的變化，體驗如何親密地與周遭環境和他人互動。慢，是一種細緻生活的姿態，讓我們以更優雅的身段和行動去體現生活的美感，用感官參與大地的運轉、用心覺察自己慣性思維所形塑的生命限制與成見，思考人與自然恆久的共存相依。

慢，不代表散漫，也不代表停滯。如果我們可以試著將生活的步伐慢下來，為自己灌注安靜的養份，並將自己的身心靈結合，以堅定而遲緩的腳步，一步一腳印，抵達目標，不要錯過沿途的風景，或許更可以體會鄭愁予的詩句：「遲遲的步履，緩慢又確實的到達」那份意境。

慢活，也不是追求時尚，更無關生活好壞的判斷，而是我們對另一種生活方式、生命態度與價值觀的重新省思。我們可以試著將生活的腳步放慢，再緩慢一些，讓生活過得更寬鬆、自在與開心。

慢，其實是一種生活哲學與態度。慢活，並非指一種身體移動的速度，也不是一種生活節奏的轉換，而是**一個人活在每個當下內心的衡定與安靜的狀態、一種心態的從容自在與節奏的平衡，那是一種對該快則快，能緩則緩的掌握**。快慢間並沒有一成不變的公式和萬用守則，只是讓每個人都可以或者懂得選擇自己的生活步調，**如果生活中我們願意嘗試與接納各種不同的速度，這個世界將會呈現出更多層次的豐富性。**

生活，是值得等待的一甕好酒，慢慢發酵，你才能品嚐到它所醞釀出的醇美。

慢活，讓我們擁抱每個當下。它就是此行意義探索之旅的關鍵密碼！

生命，一點也不趕進度

一個人對土地景致的認識，必須以「慢觀」的心境踩踏、深入撫觸，否則所謂來此一遊的經驗恐怕也不過是斷簡殘篇，難以窺得全貌。

古人說：「萬物靜觀皆自得」。「靜觀」需要有一顆活在當下從容安靜的內在，或許這就是所謂「慢觀」的心境。

在天山，慢而細緻的生活體驗，讓我更清澈地觀察到周遭萬物的存在，傾聽天地發出的不同聲音，它們彷如天地發送的頻波，隨時隨處傳遞到我心深處。

慢活，讓我察覺自己每個當下細微的感覺，讓感覺如波浪般自然流動，來去自如。

慢活，也讓我提升了心靈的敏感與覺察力，增強生活的感受力以及對自身感受的認知，深刻體會生活的每一個環節，覺察自己跟周圍環境間有種美好的聯繫與和諧，我喜歡這種充滿靈性的感受，感覺自己清晰地活在每一個當下的覺知裡。

當世界越來越急迫時，我們越需要學習放慢，領會「慢」所帶來的豐富。在慢中，觀察自己，觀察自己內在的所有知覺與感受，超越它們，獲得解脫，而不是身不由己地被這些覺受牽著走，年復一年，一生一世，找不到自己存在於世的理由與意義。

山裡走上一趟，體驗慢活的節奏，靜心獨處，你才會默默發現，生命其實一點也不趕進度。像一個行者，堅定目標地向前，即使路再長再苦，靜靜走在其中，「心」自在安定。

在金沙灣逗留的這兩天，我享受了獨處的美妙，體驗了慢活的樂趣，那是一段「完美的生活」。

慢活，讓我見識到自然的威力，也體驗了河流的魅力。

親河水敬自然

在金沙灣紮營的第一天，我享受了入山後第一次洗澡的快感，感受了有生以來第一次在一條既陌生又熟悉的溪流中沐浴的滋味。

至今難忘那幅圖景。我踩在溪中石縫，雙足立於急流中，溪水轟隆隆由上游奔騰而下，穿行我雙膝間，簇擁成一片白花花的急流朝眼前衝來，我立著不動，感受水花推擠磨搓，那刻，只想任它將自己化成水波，流向那未知的大海。

那時是午後，水勢正大，陽光也正好溫煦，藍天碧水，令人心曠神怡，禁不住誘惑，清場後，天地間就我一人，脫光衣服，我與大自然裸裎相見，全身塗上肥皂，我懷抱極端興奮又近乎自虐的決心，屏住呼吸，一屁股迅速地沒入水溫大約攝氏五度左右的溪流中，只留一個脖頸讓溪浪去潑濺。

入水後，水的力道令我驚心，感覺卻極為超然暢快，水花像巨大無形又約略可見的朵朵小花般飛濺，灑落在我身上、胯下四周層層朝外綻放，近乎結凍的溪水如一片片雪花融在我的鼻、眼、額、髮，最後竟無所遁逃地鑽入我的每一個毛孔，冰氣慢慢沁入體內，不消幾分鐘我全身凍透，逐漸覺得自己的四肢、甚至軀體都不存在了，好像化為無形，離開水面，我頓時感覺自己有如一片結霜的落葉，輕盈地漂浮在水中。而靈魂，似乎早已從冰透的軀殼中浮游而去看天看山！

天山溪谷出浴的刺激體驗，是一場一生難忘的「水的嘉年華」。如今想來，只能以「豪氣萬千」來形容自己當時的決心和氣魄，這次荒野出浴的歡愉，撩起我久違了曾經騷動的青春，也勾起了心靈深處，溪邊戲水那天真年代所有甜美的回憶！

與溪流的親近，是童年與大自然最早的接觸，從家裡附近的小溪開始，我們認識與融入自己存在於其間的天地。長大後，任何時候，河流，總能讓我遙想起那些關於童年的所有美麗的時地與故事，重新回望那過往已經淡遠或甚至零碎不全的歡樂歲月。

河流的風景，是我們生命中一種親愛的鄉愁！

一個下午，時光就這樣緩緩從容的流過，沒有聲息，但卻是篤定的，我體會了沒有行程，也沒執意要去做什麼事或完成什麼的悠閒，只是盡情享受時光彷彿停滯的奢侈，仔細端詳天光雲影在山間映照徘徊的身影。

天山的日子，生活節奏很慢，世界很遠。每天擁抱的是一種情懷，而非情

緒；是一種祝福與祈禱，而非倉皇憂慮。

悠閒、清爽、慢活的日子，幾乎與我想像中世外桃源的生活無異。腳步慢下來，讓我們觀察到急流上跳躍的陽光，注意到流水蓬勃的快樂，凝望天空中老鷹迴旋翱翔的英姿，也讓我們可以發現夜空中最閃亮的那顆星，更重要的，它讓我們的心中總是響起一首快樂的歌，歌曲的旋律時時貫穿在無邊的高山原始世界裡。

生活在山間，才能真確體會人河之間的密切關係與親近，溪谷中沐浴的絕妙體驗，更讓我不由地開始對每一條溪流都崇敬起來，它們豈是一條溪流而已，而是一樁樁的恩澤。

存在，不是為了賽跑！

與金沙河相似，我們的生命是無從計較過程好壞、悲歡的，就像河流從不計較花朵與枯木，都會帶著它們一路漂流而去，流向大海，然而，倘若你的生命處處都有沈滯在過去、無法隨著河水沖移的石頭和淤沙，則它們必將一一沈於河底，滯於原地，讓你的生命無法如那自由流動的河川，一路奔馳最終到達更廣闊的海洋。

人生的旅途中，我們時刻擔心著，今天的付出能否換來明天最好的結果，充滿著彷徨和焦慮時，往往陷於計較付出與得到的心境。匆匆而過的腳步，匆匆而過的心情，匆匆而過的時間，當發現所有的結果都不過如此時，只能惋惜沒有好好去體會過程的美麗，卻再也無法找回已逝去的時光，彌補那已造成生命缺角的遺憾！

這個世界走得太快，我們的腳步也走得太急，我們急不可待，忘記休息，忘記當初上路時曾經懷抱的美好期待，更忘記了此生啟程時的「初心」——**單純的只為與所有親愛的人共同走過一段喜悅幸福的旅程**。忽略了那來自人性的幽微溫度，即是我們僅有的光，讓我們啟程時即已約定好「在一起」到達幸福彼岸的心，不經意地遺落在回家的路上！

放慢腳步，聆聽心情，體會欣賞，品味當下，從容地走在路上，踐行著自己的人生價值，讓它填滿激昂的心情，把握住自己脈搏的節奏。一個人如果真正明白自己存在的意義，就會有自己生命的節奏。

我們來到世上，不是為了證明什麼。勇敢做自己，你不需要證明什麼，你只要是你自己，做自己，愛自己，快樂安適地低頭做自己的事。無助與失意時，抬起頭看看夜空的星星，尋找那顆夜空中最閃亮的星，總有顆星會在你的方向，溫柔、光亮地守護著你。你的心，便會再度閃耀！

我們來到世上，也不是為了賽跑，為了什麼，我們急不可迫，甚至忘記休息，或許我們早已忘記了，人才是目的，而不是實現目的的手段。

找回人間一「遊」的初心

生命的起點，如投骰子一樣，是一個無法逃避的偶然與意外，我們毫無選擇地被拋入世上；而消失，有時不過是在一夕間，我們往往也未必知其所終。那讓我體會到，人的存在有時也可以是虛妄的。於是存在對許多人而言，是必須勞心勞力去證明的一種「狀態」。

然而我們愈努力，愈費力地活著，想要證明自己的存在，我們愈失落。也許我們需要的只是重新找回那顆來到世間一「遊」的初心，也就是所謂「遊戲」的心境。許多人誤解遊戲的本質，把「遊戲人間」的心態視為一種玩世不恭、輕蔑的生命態度，其實**「遊戲」不僅是一種認真與全然執著、全心投入、參與融入活動過程的心態，一種歡喜自在享受遊戲過程中每個當下的存在狀態，也是一種對自己完全負責的生命態度，更是我們認識世界、了解自我、理解真理並獲得對於生命與存在意義的路徑與方法。**

遊戲的存在方式是一種完全的「自我至情至性，也是盡情盡興的表現」。遊戲時，如果不計較成敗得失、不預期成果如何，終點到底在哪？放下輸贏的期待，便能全然享受遊戲的樂趣與精彩，也只有全然融入遊戲過程本身，才能進入全神貫注出神入化的忘我狀態。生命的過程也是如此，如果我們能夠從一開始就懷抱著一種歡喜自在走上人世一程的準備，沒有預期、不做預設、不去限制，單純懷抱一種欣喜的遊戲心情，享受過程的每個當下全力以赴的盡興，而不去在意結局，自能體會到這個過程本身的快樂。

任何賽場上真正的對手只有自己。只有當我們忘記自己是在比賽，忘掉結果的輸贏，忘我與忘情地享受投入在遊戲活動本身帶來的暢快時，才能展現自己最放鬆與美好的一面。因為進入完全放鬆的心態時，就是自己發揮最好的時候。如果能帶動隊友也玩得愉悅盡興，贏得比賽的機會往往也是最大的。

人只有在擁有不計得失的放鬆狀態時，才能不斷釋放自己的潛能，敢想敢為，不斷超越自己。它或許不能擔保一個最好的結果，但一定能帶來一個最好的過程，結果，便是水到渠成自然而然產生的美好。

「遊戲」心態也是我們在孩童時代本真初心的存在狀態，那是我們一生最開心懷念的生命階段——每天的生活就是一場又一場的遊戲，純真的孩子只享受遊戲本身，毫無比賽結果與輸贏的概念。曾幾何時，我們忘記與忽略了那種遊戲的心情，也不再能享受過程中當下的美好，而是一心計較或甚至預期結果的輸贏，患得患失，影響了自己最好的表現。

我們處在一個物質繁盛的時代，同時也是快速向前、充滿無常、也無法掌握的一個時代。我們需要的不再是物質的豐收，而是尋找本真與初心，如孩童般，保持對事物最初的好奇和新鮮感，回到遊戲中只存在於當下的盡興裡，再度找回歡喜自在投入一場場的遊戲，而不計輸贏成敗的那顆童心。

第三篇

下山——穿越與改變

十、結伴

預約另一次幸福的旅程

生命全部的意義都在
追求幸福中體現，
每個人都在追求幸福的路上，
體現著各自不同的人生意義。

「天山一班」同行的友人

曾經在網路上看到過一段印象深刻的報導：有則競賽的題目是「從上海到巴黎，怎樣玩最好玩？」投稿的企畫案如雪片般湧入，琳瑯滿目的行程規劃，不乏大膽創新的提議及嘗試，最後獲得大獎的是一個小學生，他的回答是：「上海到巴黎，跟好朋友一起去最好玩！」跌破大家眼鏡的單純答案，卻也道出旅行的真諦，是關於人、關乎心，而不在行程與規劃。

雖然明白上山、行腳、探尋生命意義，其實都是你自己一個人的事，也唯有自己獨自面對蒼茫的群山和雲海時，才能真正感受到與大自然的無礙溝通。

但天山之旅，同行的夥伴們賦予了這趟旅程完全不同的意義。我們幾位可愛的凡人，一起做了不凡的決定，完成了一段不凡的旅程，只因為單純的交託和信任，他們就這樣輕易地跟著我上了山，儘管連要上的是座什麼樣的山都並不清楚，這樣的情誼與因緣何其純淨與殊勝！

這一行，我與同行夥伴間的關係既有連接，又有分離。既不是個人，也不是團體，而是我們：單純的人與人、你與我、心與心的關係。**你既獨立、又可以與人聯接；你不需要時時在集體中，也不會是一個孤單的個體。**而就算有旅伴，路途中，我們也常常是依個人體力狀況與節奏，各自行走，定點見面。

這樣的共處，讓我深刻體會，人間一行，即使生來孤獨，我們卻並不孤單，因為有人同行，一起遊山玩水，談天說笑，共同分享，天山之路，添了特殊的風光，每一天、每一刻，都留下了人的風景。他們陪著我，我也陪伴他們，讓每天的日子都有一個歡喜的開始與結束。

我們曾經一起迎著那天邊的夕陽，跨過原野，穿越山林，一心嚮往著那天際的雲彩、生命的春天，向著那遙遠的峰頂前進，也曾經穿過午夜星辰的微光，在靜謐幽暗的森林中摸索著回返營地。

在結樂大阪的高峰體驗後，我們繼續攀登另一座海拔高度超過三千公尺的不知名的高峰，迫於天氣，登頂後我們未作停留便即刻下山，錯失了另一次和頂峰相望行禮的機緣。

回返的路途，天色已黑，我們在夜深的山裏艱難地移動趕路返回營地，接近午夜，向前遙看要到達的方向仍在遠處，前方夥伴的頭燈跳躍地閃爍著，明滅飄忽，暗夜裡的緩緩移動實在舉步維艱，但我的心穩穩地跟著前方夥伴們的頭燈透出的那道微光前行，那忽明忽暗的光芒，微弱，卻像是希望的火花，也像是同行者為我們照亮前路所高舉的火炬。那一刻，即使大地一片漆黑，即使疲累困倦到像不知所措的小孩，但是我並未感到畏懼，且能感受內心的一股澄明。

暗夜行路，知道有人陪伴同行，我心頭有種篤定，因為確信，任何時候到達，那裡，都會有人為我等待與守候著，這樣想著，心裡有如被灌注了無窮歡愉前進的力量，足以支撐自己到達想要去到的任何地方。

好多意外串起天山旅途中一個個難忘的故事，那些意外，讓這趟旅行充滿驚喜。行程中，我們便曾經歷一起連續走五小時的山路，走到體力耗盡，說不出一句話的窮盡狀態。雖然平時都是好玩的人，卻沒有人有過荒野經驗。同行的聆穎，登山，是她人生的初次體驗，但她全程保持一貫的優雅，即使在滑倒的當下。陳泰良，是天山為我們特約的攝影師，他因為沒穿對登山鞋，即使有時是四肢並用連爬帶滑的越過險坡，仍堅持為我們留下所有瞬間的美好。又慈的表現則是令人刮目相看，雖然體重略有超標，但是靠著從小夢想跳舞的輕盈，漂亮地走完全程。

對我們四人而言，這趟天山行，啟程前的想像，橫豎都只是好奇與新鮮，意外同行，卻讓我們從此成為一生靈魂的伴侶。

以天山行結更深的緣

在天山，我們一起完成了一場穿越時空的旅程。我知道，我們在前世約定，一起穿行這世界！

出發前，三位同行的夥伴並不知道，因為我也不知道，天山，將要給我們的考驗與挑戰是什麼？然而知道還有三位朋友同行時，我是非常興奮的，一種預期和一些可愛的人一起出遊的歡喜充滿心頭，甚至於還沒見到面，我就已經知道，一起穿越過這片山水，我們會比過去更加親密。

我們的年齡跨度很大，身體狀況也不盡相同，但是在每個需要的時刻，我們相互扶持鼓勵，從不落單，每次抵達目的地，我們總是一心掛念與等待著落後的夥伴，直到全體都平安到達。

完美的同行者，為我們的行程加了五顏六色的精彩，一起飛越這世界，讓我們從此擁有相同的夢想，向著美、向著愛前進，生命，於是有了遼闊。

這一程中，和夥伴們在美麗的荒野共同生活，路途上，愉悅盡興地談天說地、相互打氣，共同讚嘆自然奇觀，夜晚置身綴滿星斗的天穹下，圍繞火堆取暖並分享生命故事，在尋找生命意義的心靈共鳴中，締結出彼此深刻的情感，收穫最珍貴的友誼，那畫面讓我深深感動，原來**「陪伴與分享」是如此溫柔的力量！**

天山行，我們一起成就了一趟完美的身心靈之旅。這段意義非凡的旅程，讓我們對於人生的意義有更深的思考，甚至是顛覆的，重啟的，根本的。

一生走過這麼多旅程，天山之旅是最特別的一個，因為在我們幾個同行夥伴們的心中有著可以相通的東西，它也為我們勾畫出一幅真正共同分享的美景！

幾年、甚至幾十年以後，那千百種天山的容貌和姿色，也許只能在照片中去回憶。但是深刻留在心裏的，會是在這個過程中與我同行，彼此扶持共

度難關，超越自我、絕不放棄的每一個夥伴，和那一顆顆溫暖追隨、相互陪伴與分享的心。

大自然的風景再美，人性的風景永遠更感人，它才是天山行生命意義探索之旅的「主景與亮點」。

天山鍛鍊我們成為更完整的人，我真心感謝同行的夥伴們成為我的過程，豐富了這八天七夜的意義。今生，相逢在人間，以一程讚嘆、原始、質樸的旅程，我們結了更深的緣。雖然，人生就是一次次的相聚與分離，但是，這趟旅程結束，我們是充滿喜悅地道別，因為今生有緣，我們約定來年再一起回來，探訪夏季滿山遍野盛放花朵的天山！

天山之約，是一個因緣、一份邀請，一項約定，也是一份禮物，更會是此生難忘的一段時光與記憶。這段沒有地圖的旅程，註定是一場歡喜和圓滿！

老獵人：天山的「千年老妖」

天山的路曲曲折折，雖有開闊，但不乏險境重重寸步難行的路段，我一路走走停停，常感體力不支，困倦狼狽。路途中，老獵人總會在我需要時適時出現，緊緊拉著我的手前行。沒有他那雙有力的臂膀，此行，我必無法完成。

幾次，在體力耗盡無以為繼的當下，我洩氣地甚至是向他乞求地大聲哀號：「我不行了，真的多走一步都不行了！」此時，他總是眼神堅定地看著我說：「妳行，我知道妳一定行的！」「妳是練過、有底子的，妳絕對不是常人！」老獵人不斷為我加油打氣並誇獎我年過花甲，尚能獨自走這艱難的一程。他還搞笑地給了我「千年老仙」的封號。他讓我感覺自己很勇敢，無人能敵的勇敢。但我發現自己的確是在老去了！

老獵人的鼓舞創造了不可思議的力量，也激發了我頑強的鬥志，讓我決心

為自己創造一個奇蹟，成為如天山雪蓮般罕見的傳奇！

老獵人教我如何在危崖碎石坡地側身踩步施力以避免滑倒，休息時，他提醒我好好用身體感受土地，一路上，他常隨手摘下幾粒野果要我品嚐，教導我如何辨識可食用的野菜和有毒的植物，更不可思議的是，他還因勢教我由動物足跡分辨前夜哪些動物曾經出沒，或是多麼接近我們的營區，讓我聽得不寒而慄，他為我上了無數堂大自然實境的生物課。

在無人帶領調教下，老獵人二十來歲就獨自入山，常常在山裡一待就是數十日，天山歲月一晃就是四十餘年，他無師自通，學得一身打獵和採草藥的本領。在山裡，他的確非比常人。他的眼神犀利、身段矯健、反應迅敏、體力充沛，無論視覺、嗅覺、聽覺都特別敏銳，長年在深山中求生打獵所培養出來的特殊警覺性，和對山林中生物習性的熟悉，讓他似乎與自然萬物之間有一種特別的應合和直覺。

老獵人對山中地形地物的透徹掌握，出色的狩獵技術，加上自創隨機應變的山林生存之道，聽來就是一部自然百科全書。山中的哈薩克族人和所有的動物大概都認得他，也對他敬重有加。山裡的路，有些連哈薩克族人都不認得也沒走過的，他都瞭若指掌。「他太厲害了，了不得！」談起老獵人，連同隊的哈薩克人也自嘆不如，無不翹起大拇指這麼誇他。

生火烤火，似乎是老獵人在山中的生活儀式，每到一處休息或紮營，他總是立刻撿拾野地的枯木生火，偶爾他脫隊獨行，我們也會在路途中見到遠處若隱若現的火光，而辨識他的所在。那一刻，我彷彿進入人類墾荒的歷史，親臨老獵人在寂靜的山中，一個人奮鬥求生獨自面對著一團營火的荒寥寂寞。長年活在蒼莽的原始森林和危疑的高山深谷中，他需要火的光亮，溫暖和陪伴，驅除寒意和孤獨，也防範野獸的侵襲。一團火光，陪伴他走過四十年無聲的歲月，他的心中藏著多少不曾向人訴說的祕密和回憶啊！

我一再想像老獵人在山裡如何過活、生存是個什麼樣子？八天七夜的相處，我終於能夠體會，他所謂的「永遠不想出山，要一直待在山裡」的意願和選擇是一種什麼樣的心情。大山，與他分享和存藏了一生逝去歲月中的悲情故事、所有的美麗與哀愁。

老獵人自稱是天山的「千年老妖」，他的臉上有一層歲月的風霜與落寞，時時處在戒備狀態，但談笑間，偶爾也會流露不常見到的鬆懈和愉悅的神態，他說自己習慣孤獨，也享受孤獨，在深山裡，他展現出精神層面的自由與豐盈。

一路上，他不斷地說起自己的一些少年往事，全是從小為生活逼迫搬遷流離的過程，為了家計，他毫無選擇地深入天山吃苦的經歷。他嚐過荒野中求生三餐不濟的嚴苛，也體會過獨自面對猛獸出沒的驚懼。提到早年入山後從此與家庭疏離的一生際遇，他語氣中透著無奈和不平，也時而激昂憤慨，對於在俗世缺席的四十年歲月，他自稱並無怨恨，但他在意的是，周遭人給他太多讓他無法釋懷的委屈和不公平的對待。

老獵人的悲喜與他自己一生的遭遇，構成了他思想、情感的基礎，少與人接觸的生活經驗和山林的孤寂形塑了他激烈與偏執的性格，我不禁有些憂慮，有一天當他再度回到人間現實生活時，是否還能夠擁抱那個真實生活裡的一切，一如他擁抱這片山林？

山野寂寂，老獵人的心情、一生的感懷、見解和際遇似乎只有我和大山聆聽。這趟旅行中，我有幸見識與結識了一位昂然俯仰於這個開闊的天地間，不受重重險境和俗例常規束範的血性漢子。我也強烈地讚佩這一個近乎原始的、具有無限熱力和渲染力的生命，能夠如此無拘無束地出沒在這座無人之境的荒野中，更感懷他對我一路照護扶助的俠義之情。

這一路走來，我們的傾聽、分享與同行，是否讓老獵人多少重溫了與人相依取暖的溫熱，留給他幾絲對人的眷念，我不知道。但我深深祝福他有一天可以回到人間，重享那失落已久的親情與紅塵中所有的溫情！

哈薩客族的夥伴

天山隊伍中還有六位哈薩克族的夥伴們隨隊服務，我想像中，高山族群的性格因著居住自然環境的艱險，必然驃悍與堅韌。但與他們實際相處後，卻發現他們其實單純平和，有時還會顯露幾分鐵漢柔情。他們有不凡的矯健身手與充沛的體力和耐力，他們對山中的飛禽走獸、一草一木，天候變化等的豐富知識與敏銳的覺察與預測力，令我大開眼界與讚佩。

在與哈薩克夥伴同行的幾天裏，我感受與他們相依相近的親密，並從他們身上發現勞動者原始素樸的生存力量，我領會了生存本身何其單純，生活其實可以很簡單，生命更可以擺脫對大量物質的依賴，而物質生活也不代表文明的全部。他們要的不多，只要能夠在險惡的環境下存活，繁衍子孫，擴充延續族群，就實現了自己所有的存在意義。單純樂觀與直觀的個性，似乎是他們與生俱來的一種天性。

我有時試著想多了解他們，尤其聽聽那幾位青春年少的小夥子，心中是否也懷著澎湃的熱情與生命的夢想？其中也有對山下萬丈紅塵文明世界的嚮往嗎？偶爾閒聊時卻發現，這群小夥子之中竟無一人表明想高中畢業後繼續升學，也沒人嚮往城市生活。他們說：在城市中居住愈久，就愈能領略在家鄉擁有的一切有多好。他們身上唯一的文明象徵就是人手一支在高山上完全無法接通的手機，和貼滿了亮片的牛仔衣帽。或許沒有與文明世界過多的涉入和接觸，正是他們得以保持如此自然樂觀的原因。

我漸漸意識到自己與這群高山族群之間的差異，從表面上看是文化的不同，實則是文明的發育進度不同。

我觀察到哈薩克族對於他們存在於斯的這片土地，在作為上是無知與矛盾的。他們敬畏、感恩與崇敬大自然，卻不瞭解如何護衛這片深愛的家園。在山中見到他們隨手丟棄的塑膠瓶罐、塑膠袋，還有家中堆滿的等待販售的玉石，一幕幕都令我們驚心與憂心。在開始享受文明物資帶來的便利，卻抱怨文明的力量對山林恣意開採破壞的同時，他們本身也因無知而無意識地成為自己家園的破壞者。他們並不知道隨手丟棄的各種無法分解的垃圾，還有不斷開採玉石對對這片生養滋育他們生命的土地將造成的久遠影響。

我們思索著，誰該深入這片荒野，擔當起教導哈薩克人真正攸關土地永續生存的保育概念，引導他們認識守護家園的真正意涵？當我們看到人類如何將征服掠奪自然界的資源視為常態，而感到震撼的同時，也不禁為山中哈薩克朋友們對山林保育的無知有著更深的憂思。或許這也是我們遠從文明來到荒野的共同思索與承當。

我們不是天山的過客，而是地球家園這個生命共同體的一員，我們享用它，更需要尊重它！

954

50
AN.SPORT

一顆恆星的召喚

城市住久了，荒野中凝望壯觀懾人的星辰之美，對我們是一件既奢侈又眷戀且百看不厭的渴望。

幾千年來，美麗的星空曾經為人類帶來多少的神話與傳奇故事，可是曾幾何時，在光害嚴重的文明城市裡，我們已許久不曾以肉眼仰望夜空，領略宇宙星空的絕美和玄機。人類創造了文明，城市燦亮閃耀的霓虹燈，逼走了繁星，掩蓋了夜幕。當眾聲喧譁的星子消失時，我們又該如何窺得宇宙的真理，擁有一顆更為開闊脫塵的心靈？

天山的最後一晚，滿天星斗特地為我們餞行，尤其是那道寬闊的銀河，密麻如織地閃著璀燦清麗的光。在星空下，我們享受了一次人間最完美的離別晚宴。

深邃的夜空如此迷人，一顆顆的小星星閃動著，越聚越多，好像在藍色的天幕上跳舞，又像在眨著眼睛和我們話別。亮晶晶的流星，像河裏迫不及待地推湧濺出的一滴滴水珠，拖著長尾巴似的磷光，滑過深藍色的天幕，悄無聲息地快速向天際隕落，一顆顆墜落的流星，在夜空中劃出一條條長長的弧線，變成了一道道閃光，劃破黑夜的長空，讓我們不斷發出讚嘆的驚叫，那是一場懾人的星空展演與饗宴，喚起我們對自然的孺慕之情。人生有幾回，我們能在秋涼如水的月夜，和一群共同完成美好旅程的知己，一起抬頭注視同一個繁星閃耀的夜空，看見那樣極致絕美的人間畫面？

一片繁星的夜晚，我們和天山告別，也和張新父子、哈薩克的隊友們一一碰杯、擁抱道別，相約來年的重逢。

晚宴間，張新，即時地為我們上了一堂天文課，他熱情地指認與比劃說明著每一顆星斗的來歷，它們的位置、名稱，還有那條牛郎織女於七夕相會的銀河，我才發現原來天空的光譜背後竟有個如此複雜與精彩的家族。

解說間，他突然提高嗓門驚奇地指著星空叫了起來激動地說：「太奇妙了，我剛看到一顆恆星爆炸，它就這樣從我面前消失了，一顆恆星的生命可能有億萬年，妳們相信嗎？一個幾百億年的恆星剛才就在我們面前結束了生命，這實在太不可思議了！」這個一瞬間消失的恆星，讓我們有無限感嘆。

有幾百億年壽命的恆星是宇宙中最大的能量體，它們在活著的時候發光發熱，提供生命成長的環境，在其壽終正寢時，也沒有任何佔有和留戀，以爆炸的方式把最好的能量輸送回饋到孕育它的宇宙中去，生生不息的循環復止，這就是生命。

人的生命在宇宙時空單位裡，短暫地有如流星一閃而過，我們有何理由不去做自己？不去追求美好？不去改變世界？我們又有何理由，只把偉大的生命存在當作積累的過程，無論是物質財富還是名望。世界供給我們無限的養分，但在結束生命的時候，我們是不是也可以把能量傳遞回饋給孕育我們的社會與世界？

一直以來，是世界給了我們今天的一切，但是我們又能為世界帶來什麼美好？

人的生命不也有如恆星，活得再長，總要結束。我想找到更多的恆星，把它們連結起來，讓世界亮起來，我想不出還有什麼會比這圖景更美！

人的存在若有任何價值，並不是因為我們安全地活著，擁有財富名望和權力而後死去，而在於我們的心中永遠保有一個理想的高度和追夢的熱度！

是啊，我堅信著生命不在於短暫還是長久，而在於和對的人做對的事。此刻，我終於了解此行天山傳遞給我的信息。

親愛的朋友，讓我們連結、一起探索與發光發亮！一顆殉落的恆星，讓我再次諦聽到宇宙生命的召喚和訓諭。

帶著自己的一座天山，回家！

八天七夜的天山行，我完成了一段驚喜讚嘆的靈境探索之旅。

就是那樣步步難行步步行，一步步走來，我竟然越過了眼前那兩座自以為絕不可能到達的山峰，又回到了出發時的起點，那是此行對自然界與自我探索的啟蒙處。

回顧漫長艱辛的旅程，像是完成了一場心靈淨化的儀式。借這一片神山淨土，我體會了生命的聖潔、生活的本質、存在的意義、生的喜悅以及自然凋零的從容。從大地生存之道中，我獲得對生命與存在意義不同的視角和領悟。

歸返山腳口時正值黃昏，次日臨別在即，帶著依依不捨的心情，我想好好地再看一次群山的面貌和天光雲影，把它們深深印存在心底帶回家。

夕陽西下，我獨自迎著落日，沿著彎折不見盡頭的黃土路，朝遠方漫步而去，兩側層層疊疊的山壁還是出發時的模樣，依舊是一個彷彿自有秩序和道理的天地，綿綿密密，展現著各種蜿蜒的線條與斑爛的色彩，自然的鍾靈毓秀，如永恆的旋律，百看不厭，對這個天山之旅初始的視覺震撼，我進行再一次也是最後一次的體驗，並與它們一一告別！

在人世無常的時空裡，我想多看一眼「永恆」！

天山的時光一閃而過，短暫，卻也可以歷練一個人。不說自己的身影有多麼強健俐落，也總算是磨出了一雙有力的腿，用這雙腿，我將繼續穿越文明路途中的荊棘，展開繼續追夢的人生旅程，我知道，**這雙越過天山之巔有力與堅持的腿，終能帶我到達幸福的彼岸！**

臨去的夜晚，我想為這八天七夜寫下一些什麼特別的心情，拿起特地準備的筆記本，卻寫不出什麼，短短的時日，感覺像是走過了長長的一生，深刻潛藏內心的意義已遠非文字足以表達。當路已盡，我們總是期待美好的轉變即將來到，而轉變、一再轉變之後，我們就穿越了。這趟天山行，我們因穿越它而轉變，也因轉變而穿越它。是這樣嗎？這趟意義探索之旅即使在結束的當下，仍然是如此強烈地喚醒著我的一些心思。

在拉丁文中，「活著」的意思就是「在人群中」。畢竟，我們是來自文明，回歸文明，回到人群中，與人繼續結伴同行，照亮彼此，才是我們活著的初衷。當路已盡，就該是回家的時候了！

每個人都在找尋一座自己的天山，那是心靈的家園，靈魂的歸屬。帶著自己的這座天山，我回家了，它不是旅程的終點，而只是開始，我期待著這趟行旅過程的更多意義，會在時間流裡慢慢沈澱，醞釀出更醇美的滋味。

在前往烏魯木齊機場的路上，我的內心重新感受一股力量與堅定。在一次次的旅行後，我們終歸要回家，歸返文明的城市和家園，為了什麼？不就

是為了追求我們心中的那份美好，給這個我們所熱愛的家園，更大的社群與社會帶來希望與福祉，讓更多的人能體會思維改變與成長的力量，覺察自己存在的意義以及對社會的承諾與承當，而與更大的社群相連，並期待有一天，匯聚為改變這個世界的一道「巨光」！

我希望這樣的一股能量可以深埋在自己的身體和靈魂裡，恆久不散。

回家的路，有離別、有憧憬、有感性、也有感動與感傷，但真正凝結在心中揮之不去的，是花甲之年，自己猶能擁有一顆好奇與探索的心，不斷突破與超越自我極限的悸動與喜悅！

回台北的飛行途中，我沒有一刻闔過眼，心中反覆上演著天山的故事。雖然心中仍有困惑，但我感到無比踏實與安適，因為我明白，自己對生命與存在意義的探索，會是今生永恆的追尋與無限延伸的旅程！

你，到達幸福的彼岸了嗎？

我來自哪裡？要去到何處？我「到達」了嗎？是我們對自身的「存在」恆久的探尋。

生命如果是一個旅程，那麼到達就是旅程的終點。然而在生命的旅程中，「到達」似乎不是火車到站那種身在一個地方的物理事實，而是內在的、對生命狀態的一種熟悉、瞭解與安適之心。它是對抵達心靈彼岸的一個追求幸福的心理過程。

回顧一生，在得到一切時，你往往會發現：幸福，似乎無關外在的、物理形式的豐足，而是一種內在的「心境」——一種對生命與存在意義的歸屬感。自己希望「到達」的彼岸，也並非如原先想像與預期的，擁有財富、地位、名望、權力，而是一個值得我們用一生去努力投入的生命目標。或者說，**我們一生都在尋找與喚醒自我生命中，那個等待我們去奮鬥與實現**

的潛在「意義」，也就是我們為何而存在、為何而活的理由。

在面臨生命的盡頭時，我們難以逃避的問題是「有沒有遺憾？」，也必須回應「今生，你幸福嗎？」的自我提問，然而自我的幸福不是一切，我們還有對他人的責任與承當。**生命的無憾，來自於找到自己生命獨特的意義與任務**。但是，那個生命獨特的意義與任務又是什麼？

人世百般的苦，都來自於找不到自己與生命的意義，不瞭解自己是誰？要的是什麼？為什麼無法做自己、愛自己？許多人看似平靜的內心裡，不僅隱藏著無限的疲憊倦怠，似乎也已逐漸喪失了對生活的熱情與活力。幸福，對許多人而言，漸漸成了一個奢望。

許多人的一生都在努力尋找讓自己幸福的人，以為自己的幸福是可以由別人給予和完成的，那樣的期待與想像並不真實。只有當我們成為完整的人，找到自己的獨特性與獨立性，而不需要任何其他人來填補自己存在的意義

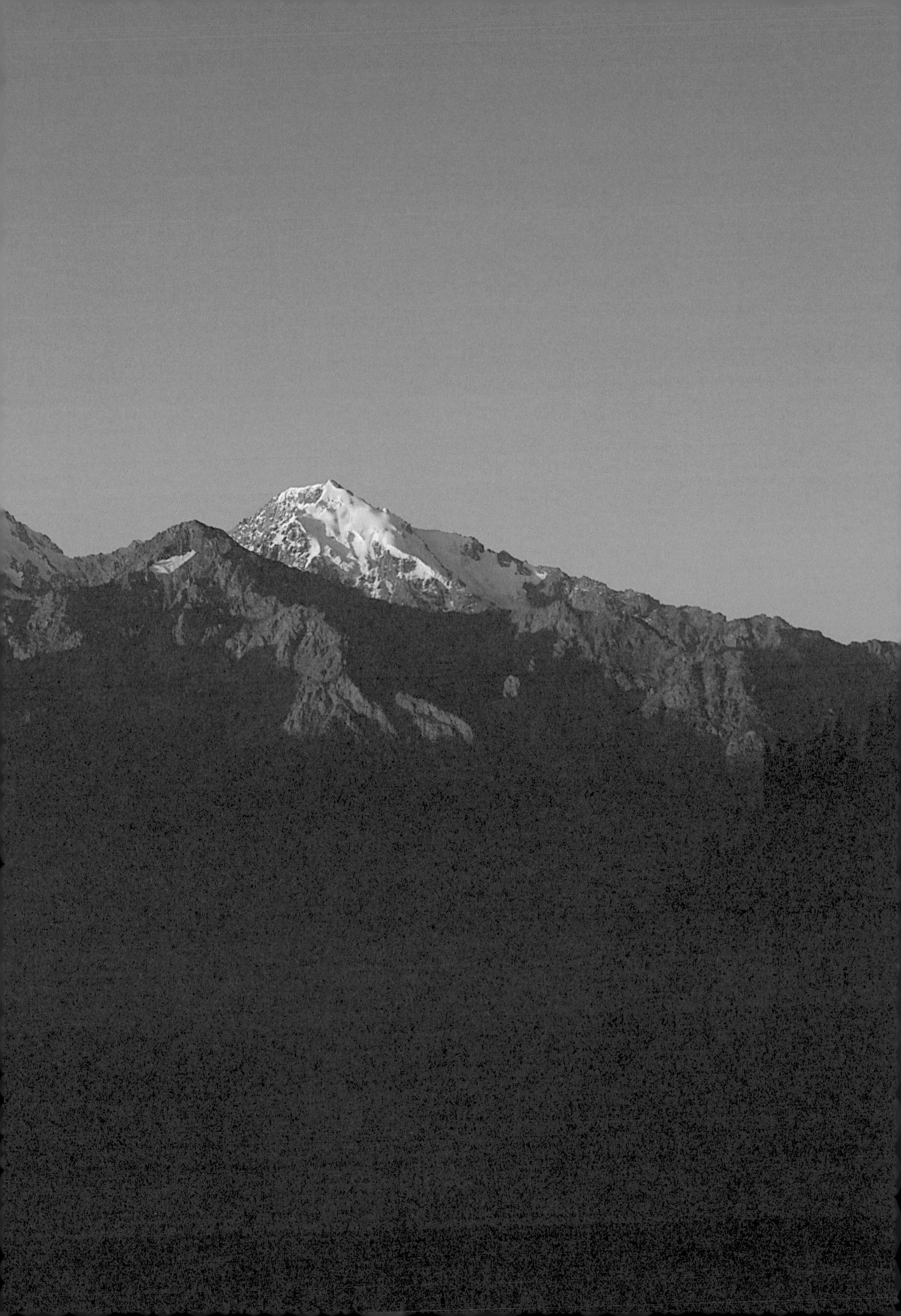

時，才會感受一種真正的幸福，此時也才能遇見另一個獨立的人，然後圓滿相伴，而不彼此羈絆地在生命道路上同行。

只有當我們的內心處於一個圓滿狀態，而不需要依靠任何人來獲得快樂幸福時，才能成為一個「自由」的人。一個自由的人，不論處在什麼狀態，內在都是自在滿足的。而為幸福提供土壤的文明社會，就是每一個自由的人，向不同方向奔跑過程中構建的。

其實一切偉大夢想的背後，和所有質樸生活的內涵，都是為了人的幸福生活。**人全部的意義都在追求幸福中體現，而每個人都在追求幸福的路上，體現著各自不同的人生意義。**生命的意義，是我與你、人與人共構的，也唯有與他人相互且共同完成彼此存在的意義，才是圓滿。

這個世界是由大家對幸福的追求而塑造的。我堅信文明孕育幸福的力量，因為沒有人會拒絕真正的幸福，只是對於一個習慣被給予幸福的民族來講，意識到幸福需要爭取，社會裡他人的幸福深刻關乎自己的幸福，是一個漫長但值得等待的過程！

「到達」是心靈對每一個石塊、每一片土地、每一株花、每一徑草木、每一隻鳥獸的守護，它比任何奢求天堂永生的宗教教條更透徹深遠，那是對自己所屬的這片土地，今生暫時居住的這個星球以及同在者的一種幸福與共的承諾與願望。

或許真正的幸福並非以成果的大小或終點的高度來衡量，而在於我們為了追求幸福所投入的心力與堅持，那才是夢想的最高價值。

是的，真正的幸福並非在「到達」終點，而是在追求到達幸福彼岸的「過程」中！

十一、歸返

擇一山，回歸本真

帶著戀慕之情，
越過大山峻嶺，
我靜靜領會大自然的
美與奧秘，
面對自己。

像風一樣自由的「存在」

天山行是一趟豐富的發現之旅，發現「存在」的意義，發現生命的禮物，發現「我是誰？」。那是一趟關乎神聖本質的自我發現、自我理解與反思的旅程。

在天山，白天，我們徒步在風景如畫的天山山脈，穿越繁茂的原始森林、蜿蜒的山間小路，在山間騰雲駕霧；傍晚，與最美的晚霞和落日相伴；夜晚，在火堆旁仰望震撼懾人的璀璨星空。

當我們遠眺高矗的雪峰，盡攬岩峰、湖泊、溪流、翠綠的草地與荒野中盛開的花朵，自然的壯美幻化，為渺小的我們，揭示宇宙萬物的活力與豐美，帶來心靈的修復和啟發。

大山無為，它只是默默地讓我們徜徉在它的懷抱中，傾聽、冥想，沉思……

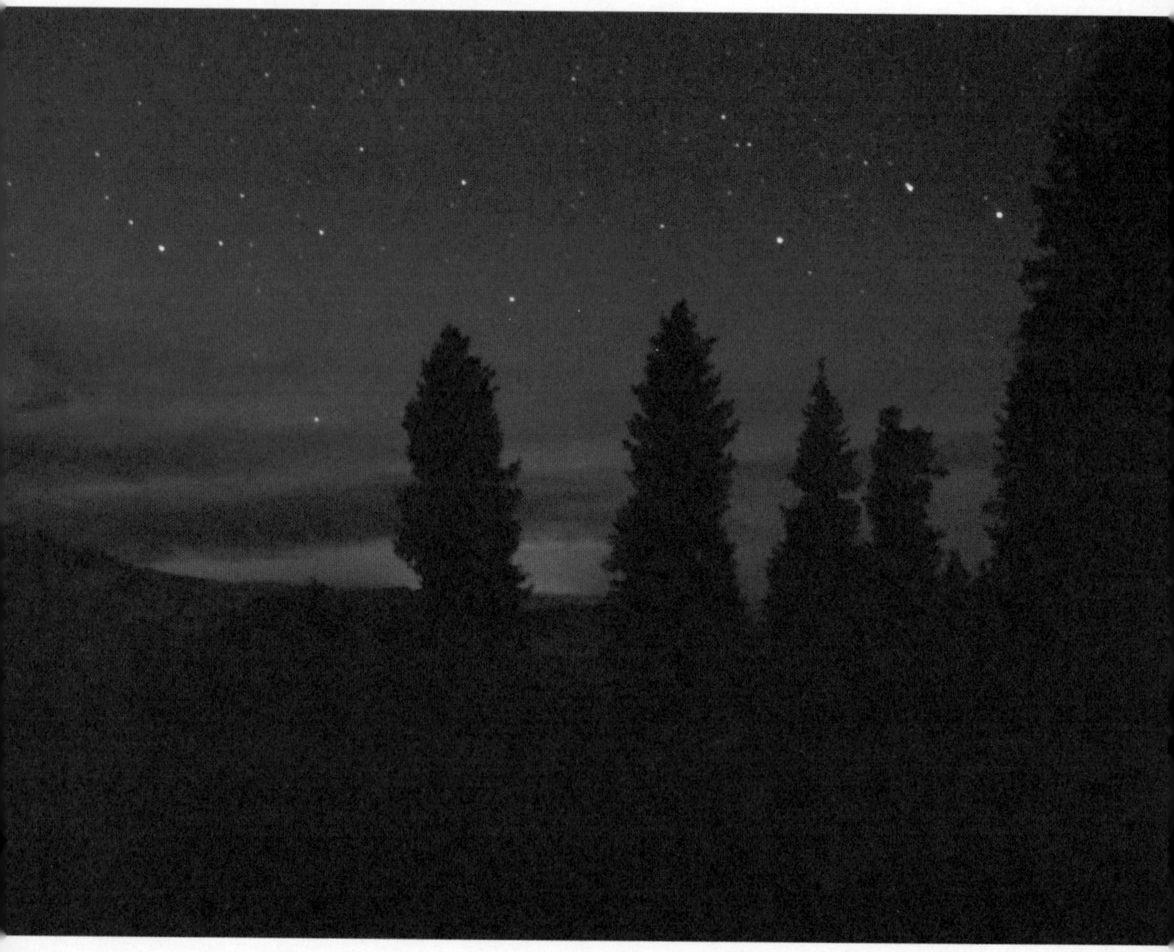

對話。在一次又一次與自己內心對話的當下，將存在的意義無聲地融入我們的內心、開啟我們內在智慧的力量，讓我們得以重尋自己的本真，釐清「我是誰？」的命題。

荒野，是自然的物理空間，也是人類想像力的精神空間。

人類的精神空間，在剛剛擺脫傳統的壓抑後，又被過度的消費文化所束縛，於是，我們開始面對自我的精神荒野……只有當我們意識到，自我精神世界既是獨特、又是匱乏的，這片代表人類想像力縱橫之地的荒野，才能在我們生命裡不斷生出自由與豐富。

廣袤的荒野蘊含了關於生命的哲學與生活的啟示，處處散發促使人積極思考的力量。置身荒野，我們自然地卸下種種社會標籤，在與文明保持一定距離中，獲得一個寬廣的視角，重新審視我們做為個體存在的意義，更可以逼視自己作為一個人的真實與本性，我們會發現自己其實誰都不是，而只是我們自己，那個存在於世完全由自己選擇與創造的自己。大山之前，人人平等，我們單純的都只是那個一心期許著幸福快樂走一生的「人」，而不是由俗世所標示，有著貧富、貴賤、尊卑差異的那個被決定的「自我」。

當我們不是任何人，只是那個堅持自己的選擇與期許成為的「自己」，做自己，而不需要與任何其他人比較或一致時，我們便獲得了巨大的自由。

人的存在，本該如此自由。自由，並不是因為我們渴望自由，而是我們生來就具有不可改變的自由本質，或者應該說，我們其實是被迫自由的。

我們毫無選擇地來到世上，在誕生之初，我們其實誰都不是。我們的存在本身並無內容，也沒有已被界定或與生俱來的意義。從存在的瞬間起，我們才開始想像、界定與創造，透過自己的選擇去決定自己是誰，選擇自己要成為什麼樣的人。因此，除了自我界定與塑造外，我們其實什麼也不是，這意味著我們此生存在於世被註定是自由的（Man is condemned to be free.），擁有絕對的自由。

無論我們誕生在什麼時間、什麼年代、什麼社會，帶著什麼樣的天賦遺傳結構，作為一個被動意外存在的人，我們「必須」在這樣被給予的一切中去過生活，但是我們也「可以」在這樣的存在基礎上自我造就，塑造自己存在的獨特樣貌，自由地決定自己要成為什麼樣的人，並對自己的選擇和行為負責。

每個人都是與眾不同的，我就是我，不是任何其他人。只有通過自我選擇，我們才能決定自我的存在，也只有通過自我選擇，我們才能獲得真正的「自由」。

每個人生命的意義與存在的細節，都是由我們自己填入的。只要我們能夠覺察並願意放下自己和世俗加諸的所有束縛，不去過分放大他人對自己的評價和觀感，隱諱遮蔽自己的獨特性，不再那麼在意別人的觀感，而那樣為難自己。我們自然會活出自我。

「認識你自己」就是認識最內在的自我，也就是自己最獨特的稟賦和價值，那個你之所以成為你的核心和根源，認識自己、接受自己、愛自己、成為真正的自己。活出自我，這並不意味著逃避我們的社會角色，也只有當我們自己能夠過一種富有節奏的「本性」生活時，才能在社會中找到自己的最佳位置，而這個過程本身就是自我實現。

在荒野中，我們擁有遺世獨立的超脫與解放，感覺自己的「存在」像風一樣的自由！這是天山行給生命最好的禮物。

無所不在的荒野祝福

回到城市後，我時常想起天山的日子。住在山巔和溪邊，和環境的相親相愛，和同行的夥伴們在林間一起高歌說笑，環境扣緊了人，一切理所當然、自然而然。因為曾經擁有過一座山的歡愉，回到城市裡的生活變得更堅實，心，也更踏實了。

每天坐在書桌前沈思與書寫，開著小窗，有時只是愣愣地望著窗外，一心等待著穿越城市高樓間隙迂迴輾轉捎來的輕風，一邊工作一邊想：天天用「心」去感覺「活著」這件事，存在，原來可以如此簡單而真實。或許只有當我們忘掉，不再刻意追求生活的精彩時，才可能將生命活得「出彩」。是這樣的嗎？蒼天不語，它和我一樣在沈思。

斷續書寫的過程中，逐漸地，天山紛陳的印象、所有的音聲和色彩、各種美的事物、令人讚嘆的片刻都漸漸融為很單純的一種意象，那是一個安詳、自然、完整與無限靜美的靈境意象，化為我心底深處一種珍貴的恩寵，和內心無限平和與寧靜的祝福。

每個夜晚臨睡前，閉目品味自然與大山的恩寵，一股沈穩的安心喜悅，像無聲的雲影，帶著盈盈的甜美，流過心底。想著自己曾親臨見證天山這個高山世界的廣袤豐盛以及造化的神祕，這是何等不凡的召喚與恩典，我深深感激。

我感覺四周彷彿充滿了神性，天山的祝福存在我的每個呼吸間，遠遠近近地環繞著我去到的每一處。隨著時日，天山的那些經歷在記憶中有些部份已混淆模糊，某些特殊時刻的心情卻仍記憶深刻，那些我曾有過的感動或震撼、領會或省悟，最終都融入生命的視野，為我開啟了生活種種轉變的機緣。

許多日子後，我逐漸明白，身臨天山，攀登之苦外，要克服的更是心之艱苦，我們渴望攀越的或許是心中那一座座在人生崎嶇的道路上，等待我們一一攀登與克服的高峰，我們無法到達所有的頂峰，但難免好奇每座高峰的後面，又是一個什麼樣的世界？但只要有足夠的高度和敏感，我們心中的大小山峰，都會在我們視野之下。是這樣吧？而我們心中那真正難以通過跨越的，或許也並不是天山那一段段舉步維艱的危崖陡坡，而是我們心頭不知何時可能無以為繼的脆弱與崩解。

我等待時間，更多的時間過去後，或許會更加澄明的領悟。

進出荒野與文明

從荒野回到文明，我感覺失去了大自然陪伴的滋味和寂寞，夜裡入睡，沒有星光與月亮陪伴，沒有滿山牛羊馬驢鳴叫的山谷迴音，沒有山風刮過樹梢的聲音，在大地還未完全甦醒的清晨，也沒有哈薩克長老虔敬的吟唱祈禱聲，我醒在一片文明的寂靜中，心裡有難言的失落，第一次，我深深感受一股繁華裡的寂寞。

從荒野到文明的距離是什麼？荒野之於文明的意義是什麼？它們如何接軌？我忽然有些困惑。

回到文明世界，玻璃帷幕的室內空間，一片寂靜。世界，多麼安靜，卻也多麼遙遠！大地的聲音哪裡去了？文明，像大自然一樣，也有屬於它自己的聲音嗎？那是一種什麼樣的聲音呢？

我望著窗外文明的街景，處處車水馬龍，高樓拔地而起，突兀錯落，倒也相安無事，街頭熙熙攘攘的人群，行色匆匆、神色漠然，他們相互之間看來毫無關係，且有各自的方向，大家都在奔忙，奔忙著各自艱難的生活。然而冥冥中好像也有一個什麼隱密的力量貫穿和呼應著這些人，他們在想著什麼呢？或者，他們和我一樣，是另一群在城市生活中，不斷尋索著自己存在意義奮力向前追尋的人。

隔音窗外人車川流不息的文明街景，竟然是如此無聲無息的存在，彷彿一部上演中的默片，整個城市有如一個由機械操作兀自轉動的空殼，有些不真實與空洞，卻又自有它們的道理和秩序。

輕輕推開窗，這個世界頃刻間恢復活力，空氣傳來節奏紊亂的陣陣喧囂，原來文明世界就是由眾聲喧譁的各種雜音推動運轉的：忙碌的市街中傳來各種營生的聲音，公車、摩托車呼嘯而過、小販的宣傳車反覆播放著宣傳歌曲和口號，隔樓裝潢敲打著磚牆的撞擊聲，不遠處電鋸正切割著什麼堅硬物件的吱吱聲。

原來，那些無處不在、爆發與不協調卻充滿了巨大能量的生命力、希望與活力的聲音就是文明社會的象徵！

我霎時明白了，這就是我存在的城市，我生活的空間，我熟悉的世界，我的真實。原來，我們長久以來並不自覺地生活在一個喧囂卻寂寞的城市，處在一個安靜卻不見得平靜的空間，文明，為我們過濾了環境的噪音，卻也阻絕了自然的樂音，沒有音聲的世界，有時我們竟連自己的聲音都感覺陌生，多久以來，我們不曾與自己對話，傾聽自己的聲音？

歷盡過文明的滄桑，在荒野中反璞歸真，也只有能同時擁有這兩極感受之後，才會有這種恍若隔世的感覺。

這就是荒野與文明帶給人的格局和視野，**荒野和文明不是對立，而是融為一體的。荒野是人類文明的起點、出發點，也是孕育文明的子宮，我們是從荒野那裡出來的。**然而，荒野到文明的距離，是不是就是人與人之間從「心」到「心」的距離，從「善」到「惡」的距離？

荒野的啟示無時無刻不在，有時像呼之欲出，有時卻又似不得其門而入，這需要一顆真正敏感的心去捕捉！

荒野，改變了我！

從荒野回到文明，對孤獨，我也有了不同的體會，人都是孤獨存在的，但我們並不孤單，在關係中，我們相互陪伴與成長，但找到每個人存在的意義都是自己的事，誰也替代不了。如果每個人都能夠無懼的面對生命終極必將到達「死亡」的事實，就會深切地體會到，不斷追尋生命的意義既是過程，也是目的。

那座與天相接的大山蘊藏了解開生命之謎的寶藏，那是我生命真正渴望到達的心靈彼岸！

天山來去的思索

天山回來後，朋友常常問起，天山感覺如何？我說那是一個讓我想葉落安息的所在！朋友問是什麼讓我對它這樣著迷？不過就是千山萬水中的另一座「山」，妳沒去過的「山」還多著呢！是它的風景、美麗、幽靜？還是找到了什麼特別的感應？聽到了什麼不尋常的召喚？

我想，也許都不是。

在那座高山裡，我也感受了青春賦別、白首歸來、身心解脫後「回家」的大自在與沉醉。山裏沒有張揚激越，日子過得低調平實。彰顯和沈默本來只是單純的差異，都是一種讓人執著的生命態度，只是每個人的性格和環境形成了世間萬象，在高山裡，「低調與放下」對於一生忙碌、不得不被提醒與彰顯的自己，既是一種疼愛，也是莫大的體貼，我更喜歡這樣的「存在」。

年少的時候每個人都曾有過莽撞、張揚和輕狂，在不經意間，也曾誇大著自己的能量，假想著未來的叱吒風雲，或許我們一直以來都是如此被刻意地提醒著既定的生存價值以及「成功」的生命標的，有時候甚至忘了自己是誰？

天山的日子，從哈薩克人簡單而快樂的生存狀態中，我體會更多與物質豐足財富權勢地位無關的感動，這讓我反身回顧，**今生存在於世，我們都不是為「成功」而來，而是為「意義」而生，為「幸福」而活！**我們不需要那麼多的轟轟烈烈與偉大事蹟，而是需要去了解「我是誰？」，需要更多與人共生，一路相互依存的溫暖與扶持，更需要擁有讓世界變得更美好的願望！

曾經以為離開人世的那天，我們可以將「成就」完整的打包。母親離去的那一刻，我忽然明白，無論再顯赫與輝煌，我們能帶走的只有「虛無」，一如我們來到人世時；重要的是，誰在你離去的虛無之後，因為你曾經的存在而「飽滿」？

「人生長河中，但凡可以沉澱下來的，不是你得到了多少名和利，而是有多少人因你而『改變』。我們也許無法在這個世界上做什麼偉大的事情，可是我們可以帶著偉大的『愛』做一些小事情。」一個人只要懷著大愛去做小事，自然可找到自己心中的加爾各答。我們需要更多由微小的努力，那一絲絲一縷縷如輕風拂面的小事與善念捲起的風雲，有一天，便足以成為讓世界變得更加美好的一股「巨風」！

每個人的一生都曾夢想過振翅高飛，但不是每一次振翅都帶來力量，然而我們可以自許成為彼此翅膀下的那道「風」。在山裡，我們看見，漫天飄落的枯葉，從不在意做誰的鋪墊，遮天蔽日的雲海，總是消散在陽光下，於是了悟，這一生我們要的只是自在與不費力地做自己，成為那個自信與安適的自己，知道「我是誰？」的自己，而不希望最終成為擁有那麼多豐功偉業，卻仍然感覺虛無存在的那個「自己」。

了解「我是誰？」，是我們對自己的存在最美好的承諾！

與自己的「初心」相遇

天山行，是一趟不可思議的奇幻之旅，它不僅是一趟身體甦醒的過程，也是一段靈性覺醒的旅程，它讓我們拋開了對自己既有的刻板認識，讓我們存在的獨特意義，在與亙古恆存、壯闊無垠的天山互為圖底的相映下，獲得澄澈的彰顯體悟與完形。

來到天山，原來不僅是為了攀登一座山，接受一場美的震撼，一次自然知識的學習與成長，而是完成一段與自己生命初心的相遇，尋回本真的行旅，一次純淨愉悅的靈魂洗禮。

天山，真的不只是一座山，而是遠離浮華世界的一方心靈淨土，它讓靈魂在經歷出世的輕盈解脫後帶著一份豁達喜悅重新入世。

天山，也是我們放下心中虛華慾望癡嗔的象徵，當別人把你的人生當作成功標準時，你已拋開虛榮浮華，踏上另一段旅程，不再是改變世界，而是發現與面對真正的自己。

當經歷難以企及的高度後，我們轉身、回顧與追問自己出發的理由，這段生命的意義之旅，只應忠於自己的內心，回歸生命的初心、本真的自我。

我喜歡這段旅程後轉變中的自己！

生命的自我探險一旦開始，你的心及周遭就會產生變化，生命會以不同的方式來回應你的改變。

此刻，我祈願將自己此行累積的能量煥發與聚集內化、轉變，持續轉變與強大，成為繼續向前完整自己的一鼓力量！

向生命的春天，重新出發！

在天山，度過八天七夜遠離文明的時光，進入一個原本完全陌生的大自然，完成幾重穿越，走過一段近乎行禪的生活，那是一連串學習、啟發與驚喜的過程，也是一趟自我探索的豐富之旅！

那一段毫無心理預期、精細規劃、也沒有地圖導引的山中行旅，帶給我意外的豐盛，讓我經歷了無數難以忘懷的感動圖景，也讓我再度體悟，以天地為師，以大自然為據、溫柔寬厚看待人世的生命義理！

天山雄闊壯美的風景，呼應著我們心中巨大多變的內在風景，大山紛歧多樣的面貌，也對應著我們生命階段高低幻化的景致。越過無數山丘和頂峰，我從中體悟，人生旅途中，我們都曾為某個障礙與限制所苦，也常在希望、失望、決心、遲疑之間困住，情緒和信念被牽扯著時而起起落落，然後重新振作精神，嘗試、繼續堅持，並且奮力前行，只為尋著一條圓滿的回家之路！

未來當面對人生的徬徨、生命的質疑時，如何與更大更寬廣的天地連結，得到省悟與安頓，如何體察與看待並尋求一種解釋，我或許沒有全部的答案，但天山行，讓我開始學習更真實地面對自己、細緻地反思自我信念、盤整生命的歷程，更加內斂沈穩，並時時帶著如晨曦醒來時那般清明的力量。

天山，本身不是真理與答案，但它帶給我們追求真理、美和愛的感動，也帶領我們回到「本真」澄明的存在境界。在寧靜中，讓我們與那個上路時懷抱一顆初心被遺忘在過去的自己相遇。

成長過程永遠是動人的。在我們生命任何階段的成長過程裡，也許必須經過一次這樣荒野探索的洗禮，才能真正的長大與成熟，領悟自己存在的獨特意義。

感謝上天在人生的這個階段賜給我這段天山行的因緣，讓我在走過荒野的繽紛多彩後體會，自己的未來仍可以擁有無限希望和可能。在世界的任何角落，只要有夢想，有不滅的希望，擁有一顆自在熱烈擁抱生活的襟懷，就是生命的大美！

天山行，不只是護照上的一個戳記、照片上的一個證據，更是我靈魂中一個永生難忘的故事！

越過天山，我知道自己再也不是那個啟程前的自己了！

我感覺到自己好似被溫柔的春風撫觸過，內心添了無限的輕盈與寬鬆，有如時時活在百花齊放的春天。春風吹動著夢想的火苗，我的心總有股想要隨風高飛的衝動，充滿活力，再度感覺年輕，走在夢想的路上，體驗著比過去更為強大的力量與堅定。

雖然已屆初暮之年，但我卻感覺自己生命的春天才剛要到來！

天山
一趟沒有地圖的心靈旅程

作者　趙雅麗
圖片提供　陳泰良、張新
總編輯　汪若蘭
執行編輯　施玫亞、繆沛倫、陳希林
行銷企畫　高芸珮

發行人　王榮文
出版發行　遠流出版事業股份有限公司
地址　臺北市南昌路 2 段 81 號 6 樓
客服電話　02-2392-6899
傳真　02-2392-6658
郵撥　0189456-1
著作權顧問　蕭雄淋律師
法律顧問　董安丹律師

2015 年 04 月 01 日　初版一刷
行政院新聞局局版台業字號第 1295 號
原價新台幣 330 元

ISBN　978-957-32-7605-0
遠流博識網　http://www.ylib.com　E-mail: ylib@ylib.com

（如有缺頁或破損，請寄回更換）

天山 : 一趟沒有地圖的心靈旅程 / 趙雅麗著 . -- 初版 . -- 臺北市 : 遠流 , 2015.04
　面；　公分
ISBN 978-957-32-7605-0(平裝)

1. 靈修

192.1　　　　104003657
